ANNALES DU MUSÉE GUIMET

BIBLIOTHÈQUE DE VULGARISATION

TOME XXXI

CONFÉRENCES AU MUSÉE GUIMET

AF474117

BIBLIOTHEQUE NATIONALE DE FRANCE
3 7531023228456

Chalon-s-Saône, Imprimerie française et orientale E. Bertrand

CONFÉRENCES

FAITES

AU MUSÉE GUIMET

PAR

MM. T. HOMOLLE, Salomon REINACH, L. de MILLOUÉ
Sylvain LÉVI, R. CAGNAT, L. DELAPORTE
Alexandre MORET

PARIS
ERNEST LEROUX, ÉDITEUR
28, rue Bonaparte, VIe

1909

L'ADMINISTRATION DES TEMPLES EN GRÈCE

Par M. Théophile HOMOLLE

Mesdames et Messieurs,

Le sujet que j'ai proposé à M. Guimet et qu'il a bien voulu agréer pour la conférence d'aujourd'hui est sévère, et il n'est pas soutenu et animé par l'image; il ne comporte pas de projections. Sans doute on peut toujours en introduire pour l'agrément des yeux et le repos de l'esprit; mais elles ne sont justifiées qu'autant qu'elles interviennent comme des preuves nécessaires, et j'aurais cru manquer aux traditions sérieuses de cette maison, en les employant à titre de distraction et d'amusement, au lieu de m'en remettre entièrement au goût du public averti, qui fréquente ici, pour les faits et pour les idées.

L'administration des temples touche à beaucoup de questions intéressantes, telles que le régime de la propriété sacrée, les contrats divers auxquelles elle peut donner lieu, prêt, location, fermage, entreprise ; à des problèmes plus hauts, comme la nature et l'esprit de la religion antique ; à un autre très grave et toujours actuel, celui des rapports des cultes avec l'Etat. Le sujet ne vous paraîtra pas, je me plais à l'espérer, tout à fait indigne de votre attention.

Il est nettement posé par Aristote au chapitre 5 du sixième livre de la « *Politique* », où, étudiant les organes nécessaires à la vie de l'Etat, après avoir énuméré les magistratures civiles, il ajoute : « Un autre service public est celui qui a pour objet les dieux : il comprend les prêtres et les commissaires des choses sacrées, chargés de l'entretien des bâtiments existants, de la réfection de ceux qui tombent, et, en général, du soin de tout ce qui est affecté au culte des dieux. Il arrive tantôt que toutes les attributions soient cumulées par une seule personne, comme c'est le cas dans les petites villes, tantôt qu'elles soient divisées et attribuées partie aux prêtres et partie à divers commissaires, que l'on nomme ἱεροποιοί, ναοφύλακες ou ταμίαι τῶν ἱερῶν χρημάτων, — c'est-à-dire préposés aux choses sacrées, gardiens des temples, ou trésoriers des finances sacrées —. Une fonction très analogue est l'accomplissement de tous les sacrifices publics, que la loi confie non pas à des prêtres, mais à des citoyens qui tirent leur honneur du foyer commun, archontes, rois ou prytanes. »

Les Grecs distinguaient donc entre ce que nous appellerions le spirituel et le temporel, entre les actes religieux, liturgiques, rituels, les sacrifices ou les prières, et les actes d'administration par lesquels on pourvoyait à la célébration régulière et perpétuelle du culte; entre le personnel qui accomplissait les cérémonies saintes et celui qui gérait les revenus et gardait le matériel affectés à cet usage. Nous ne nous occuperons que du temporel et des agents qui en avaient cure.

Le testament d'Epictéta, cette inscription fameuse qui est la charte de fondation d'un culte privé, dans l'île de Théra, à la fin du IIIe siècle avant notre ère, nous montre avec quelle prévoyance on dotait les dieux et surveillait leur fortune, gage des honneurs qu'on leur entendait rendre à perpétuité. La désignation du prêtre et l'énumération des cérémonies y tiennent moins de place que les dispositions relatives aux bâtiments et aux statues du culte, à la constitution du capital, à son placement en prêts bien garantis, productifs d'intérêts fixes et sûrs, au maniement et au contrôle de ces fonds, aux fonctions des agents chargés de percevoir, encaisser, distribuer ou réemployer les revenus, ἀρτυτήρ, ἐπιμήνιος, ἐπίσσοφος, ἐκδανεισταί, d'autres encore.

Il en était des religions d'Etat comme des religions domestiques. Aristote pose en principe que du territoire d'une cité on doit faire deux parts, le domaine de l'Etat et le domaine privé, et que sur la part de l'Etat il faut réserver et prélever celle des dieux. Que la pratique répondît à ces règles théoriques, c'est ce que démontre, par exemple, le décret relatif à l'organisation de la colonie athénienne de Bréa en Thrace: il prescrit le maintien perpétuel des réserve faites en faveur des dieux, dans les termes mêmes que Platon emploie pour exposer les lois universelles de sa cité idéale, ou Xénophon pour désigner une fondation pieuse dont il était l'auteur, τεμένη τὰ ἐξῃρημένα, τὰ ἐξαίρετα.

Il est évident que l'Etat, après avoir constitué la dotation des dieux, ne pouvait se désintéresser de la gestion de leurs biens, qu'il y devait pourvoir lui-même par des agents qu'il désignait et suivant des règles qu'il déterminait.

Nous allons, si vous le voulez bien, analyser

les éléments principaux de la propriété sacrée; quand nous les connaîtrons, il sera aisé de définir les soins qu'elle réclamait, les opérations auxquelles elle pouvait donner lieu, le personnel administratif qui était nécessaire pour y suffire.

Le noyau de la propriété sacrée, c'est le lieu où, en vertu des traditions primitives, le dieu est adoré, c'est le fétiche où des peuplades barbares encore ont cru d'abord la divinité enfermée, arbre, pierre, source, ou tout autre objet matériel, accident ou produit du sol; c'est l'enceinte dans laquelle l'objet du culte a, de bonne heure, été enclos, pour être soustrait aux contacts profanes; c'est l'image par laquelle il est figuré ou l'autel sur lequel il est adoré; plus tard le temple qu'on donne pour maison à l'être divin, conçu sur le modèle de l'homme. Je ne parle pas de ce droit de souveraineté et de propriété éminente que la divinité suprême de chaque cité, la divinité « poliade » comme on l'appelait, possède sur le territoire tout entier de l'Etat. Il est si reconnu que, en s'emparant de la divinité, en enlevant son image, on croyait en quelque sorte mettre la main sur le sol même de la ville où elle régnait et conquérir son peuple avec elle; mais, en fait, ce droit domine de si haut et de si loin les droits de l'Etat ou des particuliers qu'il les laisse subsister dans toute l'intégrité de leur jouissance et toute la liberté de leur exercice.

Les dieux sont donc, en fait comme en droit, et cela dès l'origine même, des *propriétaires fonciers*. Leur domaine n'est exposé ni à disparaître ni à décroître; car il est sacré, c'est-à-dire inviolable et inaliénable; il a au contraire toute chance de s'accroître des libéralités publiques ou privées; car c'est chose pie de donner aux dieux; c'est aussi, bien souvent, un calcul prudent et une opération avantageuse que de conférer à une propriété menacée ou contestée la garantie efficace du caractère religieux.

De même que les fondateurs des cités nouvelles faisaient d'abord la part des dieux, quand un Etat, par la faveur de la divinité, obtenait quelque accroissement de territoire, remportait une victoire, accomplissait un acte glorieux ou lucratif, il ne manquait pas de témoigner sa gratitude par une offrande dont le taux était plus ou moins élevé, généralement un dixième, prémices de la conquête, du butin ou du gain.

On donne aussi aux dieux préventivement pour se concilier leurs bonnes grâces; on donne par expiation pour apaiser leur courroux. L'impiété, la faute par excellence contre la divinité, était punie d'ordinaire par la confiscation des biens des coupables, qui est une forme de la consécration ; et comme tous les crimes sont des outrages aux dieux, il n'est pas rare de les voir frappés de la même peine. Ainsi, lorsque les Déliens conspirèrent en 375 contre la domination athénienne, chassèrent et frappèrent les Amphictyons, les terres, les maisons des sacrilèges allèrent grossir le domaine d'Apollon. Ainsi voyons-nous partout les législateurs, les assemblées, les peuples assurer le respect des codes, des décrets, des traités, en prononçant contre les délinquants, violateurs ou parjures, la confiscation de leurs biens, et en attribuant par avance aux dieux, protecteurs de l'ordre public ou de la paix internationale, une part des biens saisis.

Les particuliers, par piété, reconnaissance ou intérêt, en agissant de même que les villes, et les exemples ne sont pas rares, dans les textes littéraires ou épigraphiques, de donations ou de legs transférant à des temples des immeubles à titre gratuit ou à charge d'obligations déterminées, en toute propriété ou en usufruit. Quand on parcourt la liste des immeubles possédés par les dieux et administrés par leurs fondés de pouvoirs — à Délos par exemple —, on les trouve presque tous désignés par des adjectifs patronymiques, qui conservent la trace de leur origine privée et le souvenir des noms de leurs propriétaires mortels.

De deux sortes sont les immeubles sacrés : terres et constructions, et le régime des uns et des autres varie suivant la nature du sol et la volonté des donateurs. Tout ce qui appartient à la divinité participe du caractère divin, et, par le fait de la consécration, tout devient sacré, ἱερόν ; mais cela n'empêche pas, dans la pratique, d'affecter à un usage profane tout ou partie d'un domaine sacré, de louer des maisons, d'affermer des pâturages, de mettre en culture les terres qui en sont susceptibles. A moins qu'en vertu d'une tradition, d'une loi, d'un oracle, d'une interdiction formelle prononcée par le donateur, il ne fût défendu de mettre en rapport des terrains ou des bâtisses et d'en tirer des revenus, il eût été vraiment trop naïf et trop contraire au bon sens comme à l'intérêt même des dieux de laisser improductifs des immeubles susceptibles de rapport ; pour l'ordinaire, les donateurs eux-mêmes en prescrivaient et en réglementaient l'exploitation.

La vieille enceinte pélasgique de l'Acropole était condamnée par l'oracle de Delphes à une éternelle stérilité; sur les confins de l'Attique et de la Mégaride, une bande de terre désignée sous le nom d'ὀργάς était soustraite à tout travail agricole. On sait ce qu'il en coûta aux Locriens et à la Grèce entière, parce que, malgré les Amphictyons, on avait occupé quelques maisons et mis en culture quelques champs appartenant au dieu de Delphes, dans la plaine de Crissa. Mais les τεμένη, c'est-à-dire les domaines consacrés, de Codrus, Neleus et Basilé, en Attique, étaient donnés à bail et soigneusement labourés, plantés, moissonnés : on se conformait en cela à une pratique à peu près générale.

Les immeubles, par le jeu des contrats d'exploitation, n'étaient pas seulement la source de revenus importants; souvent aussi ils devenaient l'origine de nouvelles acquisitions immobilières, hypothèque générale étant prise sur tous les biens des locataires ou de leurs répondants, et saisie opérée en cas d'inexécution de leurs engagements. Les mêmes garanties imposées à quiconque empruntait à la caisse sacrée ou était à un titre quelconque son débiteur, pouvaient encore accroître le domaine sacré de terres ou de maisons nouvelles. En général cependant, les immeubles saisis étaient plutôt vendus jusqu'à concurrence de la dette, et le produit de la vente encaissé en argent.

Les dépenses des temples atteignaient, dans les grands sanctuaires, une étendue considérable. Les comptes d'Apollon délien n'énumèrent pas moins de 27 maisons, plus 10 fermes dans l'île de Rhénée et 10 autres dans celle de Délos même. Les états de lieux, qui nous sont parvenus pour la plupart d'entre elles, comportent des bâtiments variés : maison d'habitation, four, grenier à paille, écurie, étable, bergerie; des vignes, des vergers de figuiers, sans doute aussi des terres arables et des pâturages. La superficie ne nous en est pas connue; mais elle devait couvrir une bonne partie de l'île sainte et de sa voisine. Le Dieu de Delphes est mieux pourvu encore : M. Wescher, qui a publié le procès-verbal du bornage exécuté sous le règne de Trajan pour mettre fin à de très vieux litiges, estime à 50 ou 60 kilomètres le périmètre du territoire sacré. Le domaine de Dionysos à Héraclée mesurait, d'après les calculs de MM. Dareste, Haussoullier et Reinach, une superficie totale de 332 hectares, dont 109 en terres arables ; celui d'Athéna est évalué par eux à 93 hectares, dont 83 en terres arables et 10 en vignobles.

Il pouvait arriver aussi que les temples se rendissent acquéreurs de terrains, mais ils ne paraissent pas avoir recherché beaucoup de semblables opérations ; la gestion des maisons ou des fermes était plus compliquée, exposée à plus de charges et de risques, moins lucrative enfin que celle des capitaux. On évalue généralement à 8 pour cent la rente des immeubles ; celle des capitaux était au minimum de 10 %, taux usité pour l'intérêt dans les sanctuaires et relativement tout à fait léger.

La *richesse mobilière* des temples s'alimente à des sources très diverses. Nous avons indiqué les revenus qu'ils tiraient de leurs immeubles. Quand on fondait un temple, il était d'usage de joindre au péribole sacré, aux dépendances susceptibles de rapport, une dotation en argent, dont les intérêts étaient affectés aux dépenses du culte. Ainsi fait Epictéta : au sanctuaire appelé Mouséion, aux hérôa consacrés à son mari et à ses fils, elle ajoute un capital de 3.000 drachmes, qui, solidement et avantageusement placé, doit suffire, par les arrérages, à l'entretien perpétuel des édifices, à la célébration des fêtes commémoratives, aux dépenses des banquets de l'association cultuelle de la famille. Les Etats ne faisaient pas autrement; ils affectaient au culte des Dieux une part des revenus publics, comme aussi les ressources extraordinaires et éventuelles provenant des confiscations, des amendes et du butin. A Délos, les droits de douane, de port, de déchargement, tous ceux qui étaient perçus sur la pêche du poisson ou celle de la pourpre, sur le passage entre Délos et les îles voisines de Rhénée ou de Myconos, étaient sujets à un prélèvement en faveur de la caisse sacrée. Les Athéniens, sur le tribut que versaient au trésor fédéral les alliés des Iles, de la Thrace, de l'Ionie, réservaient un soixantième pour la caisse de la Déesse. La sanction des obligations religieuses, des serments internationaux et des lois consiste en amendes, dont le montant peut varier de quelques drachmes à 10.000 drachmes, et la confiscation de la fortune immobilière accompagne celle des biens-fonds et apparents. Quant à l'usage de la dîme, il est partout répandu et porte sur tant d'objets que je ne puis en énumérer tous les motifs. On la doit et on la donne sur le butin de guerre et sur les récoltes, sur les entreprises commerciales et les bénéfices industriels ; elle se paye soit en argent, soit en nature, ou elle est transformée en une offrande. Des subventions fixes peuvent être inscrites au budget des villes pour des cérémonies religieuses : on en allouait à Délos aux Thesmophoria, aux Posideia, aux grandes fêtes des Apollonia; on en affectait régulièrement au salaire des acteurs dramatiques et des chœurs, aux représentations théâtrales.

Il arrivait aussi que, extraordinairement, en vertu d'un oracle, par ordre de l'assemblée et sous le contrôle de l'Etat, on ouvrît des souscriptions pour un but religieux, construction ou réfection d'un temple, célébration de sacrifices, etc. Il n'en est pas de plus célèbre que celle à laquelle les Amphictyons de Delphes invitèrent tous les Hellènes et tous les philhellènes pour rebâtir le temple de Delphes, après l'incendie qui l'avait consumé en 548. En 373, un nouveau désastre rendit nécessaire un nouvel appel à la générosité de tous les dévots d'Apollon : les Helléniques de Xénophon, un décret des Athéniens en l'honneur de Denys de Syracuse, en conservent le souvenir, et nous avons retrouvé quelques débris des comptes des sommes recueillies à travers la Grèce ou apportées à Delphes par les pèlerins de tous pays : tout y est inscrit jusqu'à la moindre obole.

C'est par souscriptions que se fondaient les cultes des associations privées ; quant aux cultes publics, ils ne bénéficiaient pas moins des libéralités particulières que des allocations de l'Etat. Les dons en argent sont fréquents, et parfois considérables ; ils prenaient généralement la forme de fondations perpétuelles, au moyen d'un capital dont les intérêts gageaient toutes les obligations religieuses prescrites par le donateur. Tous les motifs qui pouvaient déterminer les générosités de l'Etat, qui lui créaient des devoirs envers les dieux, s'imposaient avec la même efficacité aux simples particuliers ; ils donnaient la dîme de leurs récoltes, de leurs revenus, de leurs gains de toute espèce, de leurs œuvres mêmes, quand ils étaient artistes ou artisans.

Un autre revenu est ce qu'on peut appeler le casuel du culte : la quête était usitée dans plus d'un sanctuaire, et l'on payait une redevance pour les sacrifices. A Délos, elle était versée dans les troncs que l'on appelle ϑησαυροί et qui ne manquent à aucun des temples principaux de cette île ; ou bien elle était déposée dans une sorte de plateau, la φιάλη. A Delphes et en plusieurs autres endroits, la redevance reçoit le nom de πέλανος, qui est celui du gâteau sacré qui était primitivement offert et auquel elle fut substituée. Le produit n'en monte pas très haut, bon an mal an ; on tirait davantage de la vente des peaux des victimes, sous le nom de δερματικόν.

De tous ces ruisseaux, grands ou petits, se forme un afflux de capitaux qui, dans certains sanctuaires, montait très haut. Les temples recevaient aussi fréquemment des Etats ou des particuliers des fonds de *dépôt:* tel celui que les Lacédémoniens avaient à Delphes et que Périclès, énumérant au début de la guerre du Péloponèse les ressources des ennemis d'Athènes, ne manque pas de porter en ligne de compte, ou celui qu'un particulier du nom de Xouthias avait constitué dans le temple d'Athéna Aléa à Tégée. Il ne semble pas que les dépôts pussent être mobilisés et employés en prêts; on ne voit pas non plus, par contre, qu'il en fût servi des intérêts : mais, s'ils n'augmentaient pas les ressources effectives de la caisse sacrée, ils ne contribuaient pas peu, en témoignant de sa sécurité, à sa considération et à son crédit.

Les dieux, Mesdames et Messieurs, étaient donc des *capitalistes.* Ils agissaient en bons capitalistes en exploitant leur fortune immobilière, et en tirant des revenus de leurs revenus mêmes: ils faisaient la *banque.*

Un autre élément de la richesse des temples consiste dans les offrandes de tout genre qu'ils ne cessaient de recevoir et qui s'y accumulaient: objets d'or, d'argent, de bronze, ou de tout autre métal, en matières rares ou communes, en étoffes précieuses, destinés à la décoration des temples ou aux usages du culte, et qui devaient servir, dans la pensée des donateurs, à commémorer l'intervention bienfaisante de la divinité, ou à la provoquer en tirant pour ainsi dire sur elle une lettre de change, monuments de la piété, de la reconnaissance ou des espérances du fidèle.

Les inventaires des trésoriers d'Athéna et des autres Dieux, ceux des prêtres d'Asclépios, de la prêtresse d'Artémis Brauronia à Athènes, ceux des épistates d'Eleusis et des hiéropes de Délos, pour me borner à quelques séries particulièrement riches, nous donnent le tableau infiniment varié de tout ce que pouvait contenir un temple en possession de la dévotion d'une ville ou mieux encore de celle de toute la race hellénique. Nul à cet égard ne pouvait rivaliser avec ceux d'Olympie ou de Delphes, et Pausanias, à défaut des archives sacrées, nous en indique l'incroyable richesse.

Un trésor de temple contient toutes choses : images des dieux d'abord (encore les inventaires ne comptent-ils que celles qui étaient faites de métal et qui étaient enfermées dans les temples); — puis toute la garde-robe nécessaire à la parure des dieux ou des déesses, de celles-ci surtout, à l'habillage de la statue cultuelle : vêtements, diadèmes, boucles d'oreilles, colliers, bracelets, bagues; — puis encore les accessoires destinés à leur bien-être ; éventails, chasse-mouches; les attributs de leur puissance; les meubles à leur commodité : sièges, trônes, tabourets, pliants, lits, tables, tapisseries..., etc.

Ce qui abonde surtout, c'est le matériel du culte : vases de tous genres pour les lustrations et les libations, pour l'eau, le vin, l'huile; vases à puiser, verser, clarifier, rafraîchir, mélanger les liquides; vases à boire. La coupe ou φιάλη est l'accessoire indispensable des banquets et des sacrifices; on compte les coupes par centaines, elles devaient dépasser le millier à Délos, avec ou sans pied, pourvues ou dépourvues d'anses, plates ou profondes, unies ou décorées de reliefs, d'incisions; les types infiniment variés se distinguent par des adjectifs qui en désignent l'usage, la forme, dérivés du nom de l'artisan qui les a créés, ou du pays qui les fabrique... Toutes les fondations perpétuelles à Délos prévoyaient pour chaque année l'acquisition d'une phiale au moins, parmi les dépenses des sacrifices.

Le trépied, avec son bassin à contenir les liquides, la marmite à faire cuire les viandes, est par excellence l'instrument du culte delphique et l'emblème d'Apollon : à Delphes, il servait aussi de siège au dieu prophétique et à la Pythie interprète des oracles; mais il se rencontre partout. Mentionnons, en passant, la hache, le couteau, dont on se sert pour abattre, saigner, dépecer la victime; la broche sur laquelle on la fait griller; la fourchette avec laquelle on en distribue la chair; les autels portatifs sur lesquels on allume le feu; les candélabres qui portent les lumières dont on éclaire les cérémonies... Je ne puis faire qu'une allusion à cette catégorie innombrable d'objets; la seule nomenclature des vases remplirait des pages entières; elle donne une idée de la fécondité, de la délicatesse d'invention des artistes, non moins que de la richesse des temples.

Les dieux n'ont pas seulement pour agréable ce qui est à leur usage; tout hommage rendu à leur puissance, à leur bonté; toute offrande qui leur est consacrée avec une intention pieuse trouve accueil dans le temple. L'artisan dédiera les instruments ou les produits de son métier; le soldat, ses armes, ou celles de l'ennemi vaincu; la femme, sa corbeille à ouvrage, son fuseau, sa quenouille, les étoffes qu'elle a tissées; l'écrivain, un exemplaire de ses poèmes; le mathématicien, la table de ses calculs; le malade guéri, l'image du membre malade. On consacrera même des figures, qui par leur caractère grotesque ou leur obscénité nous paraîtraient aujourd'hui déplacées en un lieu religieux, mais qui avaient pour les anciens une vertu prophylactique.

Peu importe au surplus la nature des objets, c'est leur valeur qui, dans cette étude, mérite notre attention et qui pouvait préoccuper les administrateurs des temples. Sans doute, il est curieux que par l'accumulation continue d'offrandes, qui étaient très souvent des œuvres d'art, les dieux aient été les premiers des collectionneurs et les temples les plus anciens des musées ; mais nous noterons surtout ce fait qu'un grand sanctuaire possédait dans ses offrandes une réserve d'or et d'argent qui n'était pas à dédaigner.

Il entrait encore d'autres articles dans la propriété immobilière : je veux dire les productions, blé, fruits ou matériaux divers, qui pouvaient être directement consommés en nature, ou vendus, ou transformés en offrandes ; les êtres animés qui appartenaient aux temples, bétail gros ou petit, chevaux, porcs, volatiles ou poissons, qui étaient élevés dans les pâturages, les bois, les volières ou les viviers ; les esclaves qui étaient attachés au service du temple, comme agents inférieurs du culte, ou comme ouvriers. Cela aussi représentait une valeur cotée qui n'était pas négligeable, un instrument de travail, un capital productif.

Ces indications incomplètes, mais suffisantes, composent un état sommaire des éléments très variés de la fortune des dieux ; pour donner à cette statistique toute sa portée, il y faudrait ajouter quelques chiffres, bases d'une évaluation approximative. On aimerait à savoir ce que bon an mal an pouvaient recevoir et percevoir Apollon Delphien ou Athéna, et ce que possédaient ces divinités au temps de la plus brillante prospérité de leurs sanctuaires. Ces précisions nous sont malheureusement interdites et des calculs ne cacheraient que des hypothèses décevantes.

Voyons plutôt comment cette fortune, — quelle qu'en fût d'ailleurs l'importance, — était gérée; par qui, par quels moyens et suivant quelles règles.

A l'origine, dans la famille, la tribu ou la cité, la magistrature — car le pouvoir paternel est une véritable magistrature et la plus ancienne — est une, absolue et pourvue d'attributions illimitées; le roi, comme le père, est prêtre, chef militaire et juge. Le régime change avec le temps: d'une part, pour restreindre un pouvoir excessif, d'autre part, pour adapter à un état social de plus en plus complexe une direction trop centralisée, pour suffire aux exigences de services de plus en plus divisés et spécialisés, on limite la durée de la magistrature, on en définit et partage les attributions. Ainsi, l'on passa, à Rome, de la royauté au consulat, et du consulat lui-même sortirent successivement les magistratures et les fonctions à compétence définie. Le même fait se produit à Athènes, où l'on voit l'archontat unique et viager, héritier de la monarchie, partagé d'abord entre neuf titulaires annuels, puis assisté de commissaires spéciaux, qui se multiplient à mesure que, les besoins de l'Etat croissant, s'accuse l'insuffisance des pouvoirs à compétence universelle. Ainsi s'organise la hiérarchie des fonctions civiles et religieuses.

De même, dans les temples, le prêtre règne d'abord seul, fait tout, suffit à tout, aux obligations rituelles comme à l'administration, parce qu'au commencement tout est simple. Mais plus tard il advint qu'on lui imposa des auxiliaires pour borner son pouvoir, ou qu'il s'en adjoignit lui-même pour alléger sa peine. Le nombre s'en accrut désormais avec les richesses des temples, le nombre des affaires, les difficultés de l'administration et aussi avec les progrès de l'esprit démocratique qui tendait à réduire et à morceler l'autorité des magistrats, pour rendre leur responsabilité plus étroite et plus effective, la surveillance des assemblées plus stricte, et pour ouvrir le pouvoir à une plus large catégorie de citoyens.

Le prêtre fut donc enfermé dans son office religieux et l'on n'eut pas à chercher bien loin pour constituer auprès de lui un personnel administratif. Quand on construisait chez nous une église, une commission, que l'on appelait le conseil de fabrique, était formée pour adjuger, surveiller, recevoir la bâtisse. L'œuvre achevé, il fallait entretenir et administrer; tout naturellement, le conseil qui avait exercé la direction et le contrôle des travaux se trouva désigné pour ces fonctions nouvelles et fut continué dans ses pouvoirs, sous le même nom, avec des attributions modifiées. La « fabrique », après avoir signifié la construction, s'entendit de tous les fonds et revenus affectés à l'entretien de la paroisse et de tout le matériel du culte. Ceci s'applique à la Grèce et nous retrouvons jusqu'au nom de ces commissaires des bâtiments religieux transformés en intendants de la caisse sacrée : on les appelait les fabricateurs de temples « *ναοποιοί* ». A Delphes, fonctionna, durant tout le quatrième siècle, une commission internationale de *ναοποιοί*, préposée aux travaux du temple et pourvue naturellement d'attributions financières ; à Amorgos, des *νεωποῖαι*, qui agissent comme les fondés de pouvoirs de Zeus Téménitès, président à la location des domaines de ce dieu. Je ne prétends pas dresser la liste des pays où le même titre désigne les mêmes fonctions; on la trouvera sans peine dans les manuels qui traitent des antiquités sacrées ou dans les tables des recueils d'inscriptions grecques.

On a quelquefois expliqué de la même manière, mais à tort, ce me semble, le titre des ἱεροποιοί, qui, en tant de lieux et particulièrement à Délos, administraient le temporel des temples. Le mot ἱερόν, comme celui de ναός, désigne fréquemment l'édifice où réside le dieu, le temple; mais il a un sens beaucoup plus large, il s'applique à tout ce qui a un caractère sacré, aux monuments, au territoire, aux objets quelconques appartenant aux dieux, aux actes religieux accomplis en leur honneur. Ceux qui font les choses saintes, les ἱεροποιοί, semblent avoir d'abord et surtout participé aux sacrifices; en plus d'une ville, à Athènes par exemple, ils conservèrent un rôle religieux, tels à Rome leurs homonymes, les *Quindecemviri sacris faciundis*. Mais, comme les fêtes ne se peuvent célébrer sans dépenses, que les sacrifices peuvent être soumis à certaines redevances ou devenir l'occasion de quelques libéralités pieuses, que les dépouilles des victimes sont un article de vente et une occasion de recettes, ces sacrificateurs sont en quelque mesure et par nécessité des administrateurs. Dans un grand sanctuaire, l'importance des fonctions administratives prévalant sur les attributions religieuses, elles durent être disjointes : telle fut l'histoire des hiéropes déliens, les plus célèbres, les mieux connus des magistrats de ce nom et qui peuvent servir de type. Dans les comptes de leur gestion financière, au troisième et au deuxième siècles, nous relevons des dépenses cultuelles, pour la lustration périodique du local où ils siègent, le couronnement des autels, où chaque mois ils allument le feu, versent l'huile et répandent le sel ; dans les textes du cinquième siècle, ils nous apparaissent même encore, sans toute la précision désirable, mais avec certitude, comme préposés à des cérémonies saintes ; — cependant ils sont avant tout, pour ne pas dire exclusivement, des administrateurs, les intendants du dieu.

Ailleurs, le titre indique plus nettement encore la nature des fonctions, c'est celui de trésorier « ταμίας », qui est tout civil et administratif, et ne se détermine que par un complément qui spécifie le caractère sacré de la caisse administrée « ταμίας τῶν ἱερῶν χρημάτων ». Ainsi s'appellent, à Athènes, les magistrats qui ont charge du trésor de la Déesse et des autres dieux. Eleusis a les ταμίαι des deux déesses, qui sont associés aux *ἐπιστάται*, surveillants des travaux; à Delphes, des *ταμίαι*, placés auprès des *ναοποιοί*, encaissent les fonds du temple et les distribuent entre les divers services, suivant l'ordre du Conseil. Lorsque Délos perdit son indépendance et fut assujétie aux Athéniens, l'organisation du sanctuaire ou du moins la dénomination des fonctionnaires changea : les quatre hiéropes furent remplacés par deux collèges, de deux membres chacun, *οἱ ἐπί τὰ ἱερὰ*, ceux qui ont la charge des édifices religieux, *οἱ καθεσταμένοι ἐπὶ τὴν φυλακὴν τῶν ἱερῶν χρημάτων καὶ τῶν ἄλλων προσόδων τῶν τοῦ θεοῦ*, préposés à la garde de toute la richesse immobilière du dieu et de ses revenus de tout genre. On ne saurait mieux définir les attributions et la compétence des administrateurs des temples, ni donner au texte d'Aristote un commentaire plus topique, une confirmation plus complète et plus rigoureuse.

Remarquez, comme l'indique l'auteur de la *Πολιτεία*, qu'à la différence du prêtre, qui agit seul, les administrateurs sont groupés en collège, par deux ou quatre, ou davantage, qu'ils forment une commission. En outre, ils portent des titres qui définissent leur spécialité et déterminent leur compétence : c'est la marque commune des charges publiques, démembrement de la magistrature unique et primitive.

Obligé de prendre un exemple pour exposer avec la clarté et la brièveté nécessaires le mécanisme administratif d'un sanctuaire, je l'emprunterai aux hiéropes de Délos, dont les archives, représentées par plusieurs centaines de documents épigraphiques, qui se répartissent sur une durée de plus de deux siècles, me paraissent les plus capables de vous présenter un tableau fidèle, varié, complet, vivant, des opérations et des comptes d'une trésorerie sacrée.

Nous ignorons comment les hiéropes étaient nommés, par l'élection souvent appliquée à la désignation des commissions spéciales, ou par le tirage au sort qui avait un caractère religieux. De toute façon, on ne peut douter qu'ils ne fussent soumis à certaines conditions d'âge et à certaines règles plus ou moins fixes d'avancement hiérarchique, qu'on n'exigeât des candidats certaines garanties à la fois morales et matérielles de dignité, de fortune, d'expérience et de capacité, qui permettaient, par élimination et par sélection, de réserver indirectement au choix une part considérable et presque décisive. On n'obtient le titre de hiérope qu'après avoir fait carrière dans les fonctions publiques, après avoir rempli celles de greffier de la ville ou du temple, celles de trésorier du peuple, et s'y être rompu à la pratique des affaires, initié aux règles de la comptabilité et du droit administratif. Le hiérope marche l'égal des plus hauts magistrats et ne cède le pas qu'à l'archonte ; il est d'ailleurs désigné par avance comme candidat à la magistrature suprême. On remarquera, en dressant l'onomastique des hiéropes, qu'ils appartiennent à un cercle limité de familles qui ont le privilège de concourir pour cet enviable emploi.

Il n'y avait pas, dans l'antiquité, de magistrature civile qui n'eût, du fait de sa charge, le droit et le devoir d'accomplir certains actes rituels, prières, lustrations, sacrifices. Les hiéropes font d'autant moins exception que, par leur origine, par la nature des objets commis à leur surveillance, ils confinent davantage à la religion ; mais leur rôle propre est celui de fondés de pouvoirs des dieux, de délégués du peuple pour conserver, gérer, faire fructifier la fortune mobilière et immobilière d'Apollon, d'Artémis et des autres divinités locales. Ils tiennent de l'Etat leur pouvoir ; ils sont soumis aux décisions et au contrôle de l'assemblée, à la haute direction et à la surveillance permanente du Conseil, de la Βουλή que nous appelons abusivement le Sénat, et qui dans les Etats grecs préside aux finances comme aux relations extérieures; ils sont astreints à rendre des comptes, soumis à la juridiction des logistes, qui vérifient et apurent les comptes, et des euthynes qui rendent, s'il y a lieu, une ordonnance de conformité ou adressent, au contraire, les injonctions nécessaires et dénoncent au peuple les prévarications; sujets à la contrainte des huissiers publics chargés de saisir et de vendre les biens des intendants négligents ou infidèles. Ce sont de véritables magistrats.

Gardiens du domaine, ils doivent d'abord en maintenir l'intégrité par un bornage rigoureux, le préserver de tout empiétement par une police vigilante, de concert avec les *ὁρισταί*. Il faut également faire respecter l'affectation spéciale de chacune des parcelles, soit qu'elles aient été vouées à une perpétuelle stérilité, soit qu'elles admettent la culture ou tout autre emploi lucratif.

Les propriétés rurales sont affermées par voie d'adjudication publique au plus offrant et dernier enchérisseur. Après estimation faite de chaque lot, par des commissaires spéciaux, l'adjudication est annoncée par des affiches qui portent à la connaissance des intéressés un état énumératif et descriptif des terres avec la mise à prix; elle a lieu sous la présidence des hiéropes et par l'entremise du crieur public ou sacré, κήρυξ ou ἱεροκήρυξ. L'adjudicataire doit, sous peine de déchéance, fournir dans un délai déterminé des cautions suffisantes et solvables; il donne en garantie une hypothèque générale sur ses biens meubles et immeubles, et chacun des répondants en fait autant au prorata de la caution fournie par lui. Le loyer se paye en une fois, dans le premier mois de l'année, pour l'année échue; faute de versement au terme, les sommes dues sont recouvrées d'abord sur les fruits du domaine loué, en second lieu, sur les biens quelconques du locataire ou des répondants, et il est augmenté, à titre de dommages et intérêts, d'une amende de moitié du principal. Le débiteur insolvable est évincé de sa ferme et inscrit sur la liste des débiteurs publics, des indigents, que l'on appelle les incapables et qui sont en effet déchus partiellement de leurs droits civils et politiques.

Les baux ont une durée normale de dix années; la mort du locataire les rompt de plein droit, à moins que le fils du défunt ne demande à lui être substitué — c'est le seul cas de résiliation qui soit indiqué pour raison de force majeure. — Dans les cas de rupture d'engagement du fait ou par la faute de l'adjudicataire, celui-ci demeure responsable de la différence du loyer, si le prix de l'adjudication nouvelle reste inférieur à celui de la première.

Une clause de reconduction tacite permet au locataire de conserver la jouissance de sa ferme et de prolonger son bail, sans courir les chances d'une seconde adjudication, à charge de consentir à une augmentation de un dixième du loyer.

Ces clauses mettaient, autant que la prévoyance humaine le peut, à l'abri de tout risque la propriété et la caisse d'Apollon. Elles étaient propres à faciliter et encourager une bonne culture et même des améliorations du sol par la prolongation de jouissance. En d'autres endroits, nous rencontrons des baux à long terme, baux de vingt années, voire même emphytéotiques : les charges du preneur augmentent naturellement avec la durée de la location, acquittement des impôts publics, obligation d'entretenir les installations rurales, de réparer les bâtiments, ou même d'en construire de neufs, de défricher et de planter.

Les maisons que possédait le temple de Délos et qui n'étaient pas retenues pour un usage cultuel étaient louées à des particuliers. Elles ne semblent avoir été ni très grandes, ni luxueuses; il en était de fort petites, elles ne donnaient ensemble qu'un modeste revenu, très inférieur à celui des terres de culture. On y trouve des maisons de famille, des maisons partagées entre plusieurs habitants, une auberge même, un atelier de forgeron, une briqueterie... Le nombre des baux varie de 18 à 27, soit que divers immeubles pussent être loués en bloc ou par partie, soit que, pour une raison ou pour une autre, quelques-uns d'entre eux fussent temporairement soustraits à la location.

La procédure ne diffère pas de celle de l'affermage : publicité et concurrence; mêmes conditions imposées au preneur, mêmes garanties exigées de ses cautions et de lui-même. La durée des baux semble avoir été réduite à cinq ans.

Aux recettes qu'on tirait des immeubles correspondaient et s'opposaient les dépenses dont ils grevaient la caisse sacrée. L'entretien des maisons aussi bien que des bâtiments de ferme incombait au propriétaire, c'est-à-dire au dieu, et les hiéropes y devaient pourvoir.

Les édifices sacrés, qui n'étaient pas susceptibles de rapport, forment l'article le plus lourd du budget des dépenses : les réparer, les tenir en bon état, les embellir ou les agrandir, en construire de neufs, c'est la plus sérieuse occupation des hiéropes, et elle est entourée de précautions spéciales, réglementée avec une minutie et une rigueur particulières.

Les trésoriers n'agissent qu'en vertu d'un vote de l'assemblée, suivant l'avis d'un conseiller technique, l'architecte, avec l'assistance de commissaires spéciaux, appelés épimélètes, au nombre de trois au moins, attachés à chacun des chantiers.

Tous les travaux, sauf ceux du courant et de minime importance, qui se traitent de gré à gré ou se règlent au prix de la journée, font l'objet de marchés et sont donnés à l'entreprise. Un plan, des modèles de l'ensemble ou des détails, un devis estimatif, ayant été préparés par l'architecte, suivant l'ordre et conformément au programme des hiéropes, approuvés par le peuple et le Conseil, et due publicité ayant été donnée à ces documents, l'adjudication est ouverte sur l'agora et concédée au plus fort rabais. Y sont admis non seulement les citoyens, mais aussi les étrangers, que l'on attire par des franchises de douane en faveur du matériel importé. Les lots sont en général assez divisés pour admettre le plus grand nombre de concurrents et de petits concurrents, pour limiter aussi les risques de trop gros engagements; cependant un même entrepreneur peut cumuler plusieurs travaux simultanés.

L'adjudicataire, à peine de déchéance, fournit caution dans un délai déterminé, et le marché ne devient définitif que lorsque des garanties satisfaisantes en assurent l'exécution parfaite avec toute sécurité; alors seulement l'acte est signé par les parties, gravé sur une stèle, exposé.

Tout y est minutieusement prévu : terrassements, fondations, murailles, couvertures, qualité des matériaux, dimension et coupe des pierres, assemblage au moyen de goujons ou de crampons, détails de la décoration; on y règle avec une précision particulière les délais de livraison, les échéances de paiement, les amendes en cas de retard ou de malfaçon, et tout ce qui concerne la police du chantier. Sous toutes ces réserves, l'entrepreneur peut sans danger recevoir, avec des approvisionnements en matériaux — ils sont généralement fournis par le bailleur, tandis que le preneur apporte son matériel, — une avance de fonds. Elle est d'ordinaire égale à la moitié du prix convenu; le reste est payé par acomptes, mais toujours sous réserve d'un dixième du total, qui est retenu à titre de garantie jusqu'à plein achèvement et après réception officielle de l'ouvrage. Du commencement à la fin, tout se fait par la collaboration des hiéropes, des épimélètes et de l'architecte.

Je ne puis vous donner qu'une idée de tout ce que nous apprend l'épigraphie de Délos sur les contrats et les actes motivés par la gestion de la fortune immobilière des temples; je ne fais pas même allusion aux informations que les autres documents de toute provenance nous fournissent en abondance; il faut nous hâter et toucher brièvement encore aux opérations portant sur les capitaux et les objets mobiliers.

Les capitaux se divisent en deux catégories : il y a d'abord ceux qui sont affectés à une fin déterminée, tels que les fonds de subvention fournis par l'Etat, ou ceux qui ont été donnés ou légués à charge d'accomplir certaines obligations; le rôle des hiéropes se borne dans ce cas à assurer l'emploi dans les conditions posées, et à conformer la gestion aux prescriptions énoncées.

Il y a ensuite les disponibilités provenant de revenus libres, de dons sans condition, ou d'économies : elles ne doivent pas rester inactives. Les hiéropes les prêtent à intérêts, soit à des particuliers, citoyens ou étrangers, soit à la ville elle-même ou à d'autres Etats.

Nous ne possédons à Délos de formules de contrat de prêt que pour une époque assez basse — aux environs de l'année 150 avant Jésus-Christ — ; mais elles ne durent guère se modifier et l'on peut appliquer sans trop de scrupule celles qu'employaient alors les trésoriers athéniens de Délos, au temps de leurs prédécesseurs, les hiéropes déliens.

Le prêt est consenti pour cinq ans, sous les garanties d'usage de cautions et d'hypothèque, et contre un intérêt de dix pour cent. Le taux est singulièrement modéré en comparaison de celui qu'admettaient les législations anciennes et qui avaient cours dans la pratique ordinaire; mais la caisse sacrée avait avant tout besoin de sécurité et ne pouvait admettre que des placements de tout repos, fussent-ils moins avantageux ; encore n'évitait-on pas tous les mécomptes; les inscriptions de Délos prouvent que ces précautions ne mettaient pas toujours à l'abri des mauvais payeurs.

L'Etat délien, qui, en raison de la sainteté de son île, jouissait des privilèges de la neutralité, ne connaissait ni les maux de la guerre, ni les charges militaires; ses besoins étaient donc limités; il encaissait d'ailleurs des recettes qui ne devaient pas être méprisables, ne fût-ce que par les droits de douane, le port étant situé et fréquenté comme nous le savons. Il pouvait toutefois ressentir le contre-coup des conflits armés des autres Etats, ou celui des mauvaises récoltes et du renchérissement des vivres, subir des crises, être induit en des difficultés financières. Dans ce cas, la caisse sacrée venait en aide à la publique par des avances remboursables et portant intérêt. Nous voyons, par exemple, les hiéropes prêter aux trésoriers de la ville le prix d'une couronne d'or offerte au roi Philippe V de Macédoine. Mais de tels prêts sont rares et à très court terme; ils sont remboursés dans l'année ou d'un exercice sur l'autre. Cependant, ils donnent lieu à des contrats en règle, et sont soumis aux mêmes règles que les prêts consentis à des particuliers, cautions fournies par des répondants et hypothéquées sur les revenus de la ville.

Les comptes des Amphictyons pour la période

377-374, alors que Délos était soumise aux Athéniens et Athènes à la tête d'une vaste ligue maritime, présente le tableau d'opérations de banque d'une toute autre envergure et par l'importance des capitaux mobilisés et par l'étendue de la clientèle en relations avec la caisse sacrée. Les prêts se comptent par talents, et treize villes des îles de la mer d'Egée figurent dans la liste des débiteurs du temple. Il semblerait qu'il eût fait en un temps plus ou moins lointain des avances à ces îles pour l'acquittement du tribut.

Parmi les autres éléments de la richesse mobilière, je m'attacherai seulement aux objets qui composent le trésor des offrandes et le matériel du culte.

Les hiéropes les prennent en charge par un récolement général et solennel, auquel assistent, avec le collège sortant, l'archonte et le Conseil et qu'enregistrent le greffier de l'archonte et celui des hiéropes. Tous les objets, vérifiés un à un, comptés, pesés, sont inscrits et décrits dans un inventaire qui signale leur état de conservation et, s'il y a lieu, leurs tares, et où sont notés avec soin tous les changements survenus depuis le dernier inventaire. Le collège en devient de ce jour responsable et le reste pendant toute la durée de ses fonctions, jusqu'à ce qu'il en ait fait remise au collège qui le remplace.

Il a en outre à recevoir et enregistrer toutes les entrées qui ont lieu au cours de sa magistrature, par achats, dons, legs ou de tout autre manière; celles-ci forment un chapitre particulier, celui des ἐπέτεια, acquisitions de l'année. Certaines offrandes, assurées par des fondations perpétuelles, se renouvelaient chaque année, à l'occasion de certaines fêtes. Les hiéropes veillent à ce qu'elles soient en temps opportun fabriquées, achetées, consacrées, par les commissaires désignés à cet effet, les ἐπιστάται.

L'arrangement de tout ce matériel sacré incombe aux hiéropes et au personnel placé sous leurs ordres, et il ne va pas sans peine; car le trésor des offrandes ne cesse de s'accroître; elles s'amassent chaque année; elles remplissent toutes les parties du temple, elles débordent dans le pronaos et dans l'opisthodome; elles affluent dans les autres édifices sacrés; des magasins spéciaux sont affectés à certaines séries, par exemple la chalcothèque aux objets de bronze. Tout cela doit être tenu en ordre, et place doit être ménagée pour tous les arrivages éventuels.

Une occupation plus active est l'entretien et la réparation des offrandes, en particulier des objets employés au culte qui s'usent et se détériorent. Pour ces travaux, on traite de gré à gré, ou recourt à l'adjudication, comme pour ceux qui concernent les bâtiments.

Quand un objet ou une série d'objets ne peuvent plus servir, on les met au rebut, mais on ne les détruit pas ; car ils sont inviolables, comme les dieux à qui ils appartiennent. Les hiéropes saisissent l'assemblée par un rapport qui désigne nominativement les objets, propose l'emploi qui paraît en devoir être fait, provoque la nomination de commissaires chargés de procéder à leur transformation. De tous les rebuts et débris on confectionne pour l'ordinaire une offrande nouvelle, qui est consacrée au nom du peuple et conserve le souvenir des anciennes offrandes condamnées. Le fait se présente plusieurs fois dans les comptes de Délos, et la procédure suivie en ce genre d'opérations nous est exactement connue par des textes épigraphiques d'Athènes et d'Oropos, relatifs aux sanctuaires d'Asclépios et d'Amphiaraos.

Les hiéropes surveillent aussi les entrées et les sorties de matériaux, pierre, bois ou métal, emmagasinés dans les ateliers et destinés aux constructions ou réparations de tout genre. Ils pourvoient à la nourriture des oiseaux, colombes, oies ou autres animaux, qui sont admis dans les sanctuaires; ils vendent à l'occasion et les œufs et les oiseaux eux-mêmes.

***

Je ne voudrais pas me perdre dans un détail qui serait infini; je crains déjà d'en avoir trop dit et que la diversité, la multiplicité des faits n'aient que trop disséminé votre attention et lassé votre patience; il est temps de venir à des considérations plus générales et de tirer les conclusions plus larges que le sujet peut comporter.

La première, et elle est capitale, est qu'il n'y a pas en Grèce de clergé, c'est-à-dire de corps distinct constitué en permanence pour la célébration du culte et les fonctions religieuses, uni par des intérêts spéciaux et constants, communs à tous ses membres, appuyé par la force morale de l'opinion et le prestige de la foi, disposant de la puissance de l'argent, capable de former un parti politique et d'entrer en lutte avec le pouvoir civil. La distinction établie entre les attributions religieuses et administratives, qui enlève au prêtre la libre disposition des ressources financières du temple, le caractère laïque du sacerdoce, la durée transitoire du titre et des attributions sacrés dont il n'est que temporairement investi, au nom de l'Etat, ne lui laissent pas le loisir d'acquérir l'esprit sacerdotal et théocratique, ni de concevoir l'ambition de dominer. Il passe par la prêtrise en sortant des magistratures civiles, il la quitte pour revenir aux fonctions publiques. La prêtrise est elle-même une sorte de magistrature, et chaque magistrature à son tour participe du caractère sacerdotal par le souvenir de ses origines, par la charge des sacrifices et des prières qu'en vertu de son office même et des traditions elle est tenue d'accomplir. Il n'y a pas opposition entre la prêtrise et l'Etat, mais au contraire union sans rivalité; l'Etat exerce son contrôle sur le prêtre, soit qu'il le désigne, soit qu'il l'accepte au nom d'un droit héréditaire de famille; le prêtre se soumet et se subordonne à l'Etat, dont il est le représentant et le délégué.

Pour les administrateurs, intendants de la fortune sacrée, leur caractère de magistrats et de commissaires du peuple est mieux accusé encore et leur impuissance plus réelle. Ils n'entretiennent pas avec les dieux un commerce direct qui les élève au-dessus de l'humanité; ils n'exercent qu'une autorité limitée par son origine élective, par l'étroitesse de sa compétence spéciale, sa division entre plusieurs titulaires égaux réunis en un collège, sa subordination aux pouvoirs publics d'où elle émane et qui la contrôlent, par les responsabilités effectives qu'elle encourt. Trésoriers, ils encaissent les fonds et les détiennent, mais ils n'en disposent pas; ils perçoivent les revenus en vertu des lois et ils les distribuent en vertu des décrets du peuple. L'Etat seul est maître et règle à son gré les recettes et les dépenses.

Aussi bien le domaine, les richesses diverses qui composent la fortune d'un temple, le Dieu qui les possède exerce-t-il pleinement sur eux tous les droits de la propriété? On les lui reconnaît, on les proclame, on fait plus, on les confirme par l'inaliénabilité accordée à tous ces biens, par les donations qui ne cessent de les accroître, par les privilèges qu'on lui concède de la personnalité morale et de tous les avantages qui en découlent. Mais qui gère en effet cette fortune? les mandataires du peuple; qui en règle l'emploi? le peuple; qui prépare et signe les contrats? ses délégués; qui ordonne et dirige tous les actes et en fixe la procédure? l'assemblée; qui en surveille la régularité? le Sénat; qui connaît des fautes de négligence ou des crimes de concussion; qui les punit? les tribunaux administratifs et la justice populaire.

Bien mieux, l'Etat dispose en maître des terres qu'il a lui-même attribuées aux dieux, ou qui proviennent de toute autre origine, des fonds de leur caisse, des objets consacrés par la dédicace et affectés au culte. Il vendra, par principe de bonne administration, ainsi que nous le voyons à Délos, une maison inutilisable, comprise dans les immeubles sacrés; en cas de nécessité pressante, il engagera, et faute de remboursement, laissera saisir un bois sacré ou des offrandes; pour se procurer de l'argent ou de l'or, il jettera à la fonte les vases du temple, quitte à les remplacer en des jours meilleurs, s'il en vient.

Le dieu lui-même, qui est le premier ancêtre du peuple et le maître du territoire national, qui règne sur la ville et sur ses habitants, qui les protège et les garde, ce dieu tient de son peuple le lieu où s'élève son temple, l'enceinte qui l'entoure et toutes ses dépendances. Sa protection, il l'accorde, mais il la doit; on peut le lui faire sentir. Il est enfin le plus ancien, le plus noble et le plus vénéré des citoyens; mais, comme un citoyen, il a ses devoirs envers l'Etat.

Donc, Mesdames et Messieurs, le difficile problème qui nous agite, que nous avons tant de peine à résoudre, des rapports de l'Eglise et de l'Etat, ne se posait même pas, il n'existait pas pour les anciens. La divinité est tellement nationale qu'elle n'a pas d'intérêt distinct de la nation, qu'elle se subordonne au peuple en paraissant le conduire, qu'elle ne peut rien tenter ni vouloir que ce qu'il veut lui-même.

Le danger de conflit ne pouvait pas venir non plus des cultes de famille, tout héréditaires qu'ils fussent, ni des sacerdoces, fussent-ils viagers. d'associations limitées, fermées, impénétrables et par suite incapables d'entente et de politique commune. La guerre religieuse ne pouvait pas être allumée davantage par les cultes étrangers, parce que le polythéisme admet, en vertu de son principe même, la multiplicité des dieux et la multiplication des associations cultuelles; que l'Etat, ne professant aucun dogme absolu, était ouvert à toutes les conceptions religieuses; que les Grecs reconnaissaient et pratiquaient dans la plus large mesure la liberté d'association, n'assujettissant les groupes constitués pour un but quelconque qu'aux prescriptions du droit commun et au respect des traditions nationales, et qu'enfin la loi soumettait les dieux étrangers à une sorte de stage préalable et d'acclimatation hors des villes.

La tolérance religieuse, la paix religieuse étaient donc le régime naturel de la Grèce; elles ne furent troublées que par des explosions rares et momentanées de nationalisme, politiques, autant et plus que religieuses. Ce bonheur que la Grèce dut à sa liberté d'esprit et à sa sagesse trouva son terme seulement dans la rencontre des religions orientales qui, monothéistes, dogmatiques, exclusives par conséquent et animées de la passion du prosélytisme, se mirent en révolte, engagèrent le combat contre les croyances et les pratiques nationales et provoquèrent la persécution en plaçant les vieilles religions tolérantes et les Etats fondés sur elles dans le cas de légitime défense.

MYTHOLOGIE
ET
RELIGION DES GERMAINS

PAR

M. Salomon REINACH

Aucune mythologie n'est moins familière au grand public, du moins dans les pays de langue latine, que celle des Germains. Nous apprenons à connaître les traditions légendaires des Hébreux au catéchisme, celles des Grecs et des Romains sur les bancs de l'école ; mais où nous parle-t-on de mythologie germanique ? A l'Opéra. C'est là que nous est révélée l'existence de Woden, de Freya, des Walkyries, de Sigfried, de Parzival, de Lohengrin, c'est-à-dire d'une série confuse de dieux et de héros, remontant les uns à la mythologie germanique primitive, les autres à la mythologie scandinave, d'autres à des romans français et provençaux imparfaitement germanisés. Car la grande source de Wagner, c'est Wolfram d'Eschenbach, chevalier bavarois du XIIIe siècle, qui indique lui-même, comme l'auteur suivi par lui, le provençal Guyot. La légende du Saint-Graal, centre de cette épopée, est d'origine celtique et française. Parsifal est un chevalier français, Perceval ; Lohengrin n'est pas autre chose que le chevalier *lorrain*. Ce n'est pas dans les poèmes de chevalerie, ce n'est pas dans les *Nibelungen* ou dans le *Gudrun*, dont les rédactions connues ne sont pas antérieures au XIIIe siècle, qu'il faut étudier la mythologie germanique ; *à fortiori* ne doit-on pas la demander aux drames lyriques où le génie imaginatif de Wagner s'est donné libre carrière, qu'il a conçus en créateur et non en savant. Nous avons heureusement assez de sources anciennes et authentiques pour n'être point obligés de descendre si bas — je dis « si bas » dans l'échelle des temps, et non pas dans celle de la beauté. Mais c'est la vérité historique qui seule doit nous occuper ici.

Le paganisme germanique a survécu de cinq siècles au paganisme celtique ; il a été observé par des écrivains dont nous possédons les ouvrages ; nous sommes, par suite, bien mieux informés à son sujet. Malheureusement, la qualité de nos documents laisse à désirer, surtout pour la période finale, où il sont d'ailleurs le plus abondants.

Ces documents peuvent se classer en trois groupes : 1o Les textes des auteurs classiques, en particulier de César et de Tacite; 2o Les œuvres qui nous font connaître la mythologie scandinave ou norroise, *Sagas* et *Eddas;* 3o Les traditions et les usages populaires, les uns recueillis à une époque relativement récente, les autres connus par les prohibitions de l'Eglise et par des espèces d'interrogatoires compilés à l'usage des prêtres qui convertissaient les Germains au christianisme. On demandait à un Germain : « Avez-vous fait ou cru telle ou telle chose, observé tel ou tel rite païen? » La collection de ces questions est très instructive; on y prend, comme sur le fait, le paganisme germanique dans sa ténacité populaire, à l'époque de la prédication chrétienne.

César ne connaît que trois dieux germaniques : le Soleil, la Lune et Vulcain. Le dieu guerrier des Celtes ayant parfois été identifié à Vulcain, il est probable que César a entendu parler sous ce nom du Mars germanique, dont il sera question plus loin. Le culte du Soleil chez les Germains est attesté par un très ancien groupe en bronze découvert dans l'île de Seeland; il représente un cheval attaché à un char sur lequel est placé verticalement un grand disque orné d'incisions. Cet ex-voto, de fabrication locale, a certainement été jeté dans un marais pour servir d'*adjuvant* au soleil, comme les chevaux blancs que l'on précipitait dans la mer, à Rhodes et ailleurs. Telle est l'origine de la légende grecque du char solaire immergé, de la chute de Phaéthon.

Germains et Celtes sont d'accord pour *venir en aide* au soleil en allumant des brandons, surtout au début du printemps et aux solstices, en promenant et en immergeant des roues enflammées. Le feu du foyer est assimilé au soleil et participe de sa sainteté; en cas d'épidémie on l'éteint, pour le remplacer par un *feu nouveau*, produit en frottant deux morceaux de bois.

La lune fut identifiée à la Diane des Romains, chasseresse nocturne et reine des sabbats. Une des questions posées par Burchard, évêque de Worms, en l'an 1000, est ainsi conçue : « As-tu cru qu'il y a quelque femelle qui, pareille à celle que la folie du vulgaire appelle Holda, chevauche la nuit sur certaines bêtes, en compagnie de démons transformés en femmes? C'est ce qu'affirment certaines créatures trompées par le diable. » La même question est répétée dans d'autres recueils, avec cette différence que Holda — *Frau Holle* ou *Holde* des légendes allemandes — y est appelée « Diane, déesse des païens. » *Hold*, en allemand, signifie « bienveillant » ou « propice »; mais c'est là un euphémisme, comme celui qui a fait appeler la Mer Noire « Pont Euxin », c'est-à-dire « mer hospitalière », ou les terribles Euménides grecques « déesses bienveillantes ». Dans les textes populaires, Holle est un génie des eaux et de l'atmosphère. En été, à midi, on peut la surprendre, comme l'Artémis grecque, se baignant nue dans une source; en hiver, c'est elle qui fait tomber la neige en secouant l'édredon de son lit de plumes. Mais c'est surtout une sorcière, la reine des sorcières, redoutable et cruelle, qui emporte les âmes des enfants morts sans baptême. A ce titre, elle fut encore identifiée à Hérodiade, la petite fille d'Hérode, qui fit décapiter saint Jean-Baptiste. Burchard la mentionne en ces termes : « Quelques femmes scélérates, séduites par les sortilèges des démons, croient qu'aux heures de la nuit elles chevauchent avec Diane, déesse des païens, ou avec Hérodiade et une innombrable troupe d'autres femmes, et qu'elles franchissent des espaces immenses. » En 1280, un évêque écrit : « Qu'aucune femme ne prétende chevaucher la nuit avec Diane, déesse des païens, ni avec Hérodiade, aussi appelée *Bensozia.* » Ce dernier nom est peut-être une corruption de *Bona socia* « bonne compagne ». Vers 680, lorsque saint Kilian travaillait à convertir les Francs orientaux, leur chef Gozbert lui demandait avec insistance « si le dieu qu'il prêchait valait mieux que sa Diane à lui. »

Tacite, à l'exemple de César parlant des Gaulois, identifie les dieux germaniques à ceux du panthéon gréco-romain. Le dieu principal des Germains est Mercure : « Ils leur donnent à certains jours des victimes humaines. Ils adorent aussi Hercule et Mars, mais ils les apaisent par des offrandes moins barbares. » Les chroniqueurs du moyen âge disent que le Mercure des Germains s'appelait *Vodan*, *Woden* ou *Odin.* Du reste, les noms assignés aux jours de la semaine sont très significatifs à cet égard. L'usage de la semaine de sept jours, désignés par les noms des planètes, était déjà général, sous l'Empire romain, à la fin du IIe siècle; les Germains l'adoptèrent au IVe, en substituant les noms des divinités germaniques à ceux des divinités romaines. Le mardi, *dies Martis*, devint *Tuesday* en anglais (jour de *Ziu* ou de *Tyr*, le Mars germanique); l'allemand *Dienstag* se rattache à un surnom de ce Mars, *Things*, que l'on trouve sur des dédicaces latines de soldats germains. Le mercredi, *dies Mercurii*, est en anglais *Wednesday*, jour de Woden; les Allemands disent *Mittwoch*, le milieu de la semaine. Le jeudi, *Jovis dies*, anglais *Thursday*, allemand *Donnerstag*, atteste que Thor ou Donar, le dieu du tonnerre, est identique à Jupiter. Le vendredi, *Veneris dies* (*Friday*, *Freitag*), prouve que Freya a été identifiée à Vénus. Bien entendu, ces identifications sont des *à peu près* et ne nous éclairent guère sur la nature primitive des dieux germaniques.

Dans les *Eddas* scandinaves, Tyr-Mars est le fils d'Odin-Mercure; comme lui, c'est un dieu guerrier. Il faut remarquer que le nom de Tyr (*Ziu* en haut-allemand, *Tiw* en anglo-saxon), est étymologiquement identique au *Dyâus* sanscrit, au *Zeus* grec; c'est donc, à l'origine, le dieu céleste. Quant à Woden, son nom, analogue à celui du vent en allemand (*Wind*), montre qu'il était un dieu du vent et peut-être, plus anciennement encore, le dieu des esprits et le conducteur des morts, à la façon de l'Hermès psychopompe des Grecs. L'armée des esprits, conduite par Odin, parcourt les airs et le bruit qu'elle fait éveille l'idée d'une « chasse sauvage ». La nuit, quand souffle l'ouragan, le paysan dit encore que « la chasse sauvage court dans le ciel ». Odin est donc à la fois un dieu atmosphérique, nocturne et infernal. Si l'on se rappelle que, d'après César, les Gaulois se croyaient les descendants d'un dieu nocturne, assimilé à Pluton, il est difficile de ne pas établir un lien entre cette conception celtique et celle des Germains.

Dans un certain nombre de tribus, Tyr-Mars doit avoir eu le pas sur Odin-Mercure. Ainsi Tacite (*Ann.*, XIII, 57) raconte la fin d'une guerre entre les Hermundures et les Cattes; l'armée vaincue fut massacrée en suite d'un vœu fait à *Mars* et à *Mercure* (remarquons que Mars est nommé en tête). De même, dans les *Histoires* (IV, 64), les Tenctères adressent des actions de grâce à *Mars*, *le premier des dieux*. Dans un grand pays qui n'était pas centralisé, qui n'avait encore ni clergé ni littérature écrite, de pareilles divergences n'ont rien d'étonnant.

Au chap. XXXIX de la *Germanie*, Tacite donne une description des cérémonies du culte de Mars. Il en place la scène chez les Semnons, les plus anciens et les plus nobles des Suèves. « Ils ont, nous dit-il, des délégués qui se réunissent à des époques marquées dans un bois vénérable (donc, pas d'édifices du culte, mais des forêts sacrées et des réunions cultuelles ayant un caractère politique). Nul ne peut entrer dans ce bois sans être attaché, marque de sa dépendance et hommage public à la puissance du dieu. Vient-on par hasard à tomber, il n'est pas permis d'être relevé ni de se relever soi-même ; il faut sortir en se roulant par terre..... En ce bois, berceau de la nation, réside la divinité souveraine. » On entrevoit, dans ces lignes trop concises, l'idée que les Germains se croyaient nés des arbres sacrés, qui se rencontre chez d'autres peuples, et celle que le contact de la Terre-Mère est bienfaisant ; car il s'agit évidemment de gens qui se laissent choir et roulent à terre, non de gens qui tombent par hasard. Nous savons que, chez les Germains, un enfant nouveau-né était couché sur le sol nu et que son père le relevait comme s'il était sorti de la terre, la mère commune des mortels.

Tacite n'a pas dit que le dieu des Semnons fût Mars; mais comme les Suèves s'appelaient *Cyuvari*, c'est-à-dire adorateurs de Ziu, il est probable qu'il s'agit bien de ce dieu-là.

A côté de Mercure et de Mars, Tacite distingue un troisième grand dieu qu'il identifie à Hercule, alors qu'il ne parle pas de Jupiter. Il est certain que le même dieu germanique, Thor ou Donar, était assimilé tantôt à Jupiter, tantôt à Hercule. Thor, dans les Eddas, est un guerrier redoutable, tueur de monstres, qui a une taille, une vigueur, un appétit extraordinaire comme Hercule; son marteau divin, *Mioellnir*, a dû rappeler la massue du héros grec, qui lui-même, d'ailleurs, est le fils de Zeus, le dieu tonnant. Il arriva une fois à Donar, malgré sa longue barbe rousse, de s'habiller en femme comme l'Hercule grec; il est vrai que ce n'était pas pour obéir à un caprice d'Omphale, mais pour reprendre par ruse son marteau volé.

Les documents latins du moyen âge attribuent généralement à Jupiter ce que les documents germaniques attribuent à Thor. Le chêne de Jupiter est le *Donares eih*, que saint Boniface fit abattre à Geismar. Saxo qualifie de *lapides* ou *mallei joviales* (pierres ou marteaux de Jupiter) les haches polies que l'on regardait comme des «pierres de foudre» et que les Grecs, pour ce motif, appelaient *céraunies;* les Allemands les appellent encore «coins de Thor» (*Donnerkeile*) et y voient des talismans contre la foudre. Enfin, la plante dite *Donnerbart* en Allemagne est notre *Joubarbe* (*Jovis barba*); on croyait qu'elle préservait de la foudre les murs sur lesquels elle poussait spontanément.

A côté de Mercure, d'Hercule et de Mars, Tacite croit distinguer chez les Germains la déesse Isis (*Germ.*, IX). Une partie du grand peuple des Suèves offre, suivant lui, des sacrifices à cette divinité étrangère; il ajoute que la figure d'un vaisseau, qui en est le symbole, atteste que le culte est venu d'outre-mer. Tacite songe évidemment à la *barque d'Isis*, que l'on offrait chaque année à la déesse dans le culte romain de cette divinité égyptienne. Des coutumes analogues se rencontrent au moyen âge germanique (XIIe siècle). Le peuple, dansant et chantant, suit un navire monté sur roues, qui porte, dit un chroniqueur, « on ne sait quel malin génie ». L'hypothèse de l'introduction du culte d'Isis en Germanie doit être laissée à Tacite; il s'agit d'une de ces *promenades divines*, en char ou en bateau, comme on en trouve dans divers pays, par exemple dans le culte gréco-romain de Cybèle. Une déesse de l'Abondance, adorée sur le bord de la mer, peut fort bien avoir pour attribut un bateau ou une rame, comme la *Nehalennia* germanique dont on a trouvé des autels sculptés près des bouches du Rhin.

Tacite parle d'une autre divinité traînée dans un char (*Germ.*. XL) : « En une île de l'Océan est un bois sacré et, dans ce bois, un char couvert, destiné à la déesse. Le prêtre seul a le droit d'y toucher; il connaît le moment où elle est présente dans le sanctuaire; elle part, traînée par des génisses blanches; il la suit avec une vénération profonde. Ce sont alors des jours d'allégresse; c'est une fête pour tous les lieux qu'elle daigne honorer de sa présence. Les guerres sont suspendues (*trêve de Dieu*); toute arme est soigneusement écartée. C'est le seul temps pendant lequel les Barbares acceptent le repos et cela dure jusqu'à ce que la déesse, rassasiée du commerce des mortels, est ramenée à son temple par le même prêtre. Alors le char et le voile qui le couvre et, si on les croit, la divinité elle-même sont baignés dans un lac solitaire. Des esclaves s'acquittent de cet office et, aussitôt après, ils sont précipités dans le lac. De là une religieuse terreur et une sainte ignorance sur cet objet superstitieux qu'on ne peut apercevoir sans périr. »

Le tabou visuel, la promenade et le bain de la déesse — rite servant à provoquer la pluie — sont des idées très répandues dans le monde antique. Le calendrier romain marque un bain de la Mère des Dieux (*lavatio Matris deûm*) au 6e jour des calendes d'avril ; Ovide nous montre un prêtre qui, vêtu d'une robe de pourpre, lave la déesse et les objets sacrés dans les eaux de l'Almon.

Tacite a donné le nom de cette déesse du Schlesvig ; elle s'appelait *Nerthus* (« la souterraine ») et l'historien romain l'identifie avec raison à la Terre Mère, la Cybèle ou Mère des Dieux des Grecs d'Asie. La procession a le caractère d'une fête agraire, destinée à seconder le réveil de la nature au printemps. On observe encore en Allemagne des rites analogues; la divinité bienfaisante est représentée par des mannequins, le Roi et la Reine de Mai, que l'on salue avec des danses et des chants. A l'époque de Tacite, il est probable que la déesse était censée présente, mais qu'il y avait seulement, sur le char, un siège sans idole. Ceci rentre dans un ordre de faits plus général. On connaît une pierre gravée de Mycènes qui représente une procession de femmes s'avançant vers un trône vide; le *culte du trône*, analogue à celui de l'arche sainte chez les Hébreux, a été mis en pleine lumière pour la Grèce archaïque. On a montré que les accidents de terrain qualifiés de « trônes » de divinités ou de héros, par exemple le rocher dit « trône de Pélops » près de Smyrne, n'étaient que d'anciens lieux de culte, et l'on a ingénieusement retracé le passage du trône naturel au trône artificiel, du trône immobile au trône mobile, sur lequel la divinité, fixée par le culte même qu'on lui rend, accompagne la tribu dans ses migrations. Hérodote, décrivant l'armée de Xerxès au sortir de Sardes, y signale un char traîné par huit chevaux blancs; ce char est vide, mais personne n'y doit monter, car c'est celui du maître des dieux.

La Freya germanique, épouse d'Odin, et identifiée à Vénus dans le nom de vendredi (*Veneris dies*, *Freytag*), n'est probablement qu'une déesse de la fécondité, dont la Nerthus de Tacite et sa prétendue Isis sont des désignations locales ou des épithètes.

Tacite a mentionné encore quelques dieux de second ordre, par exemple dans un bois sacré du Waldgebirge (*Germ.*, XLIII) : « Le soin du culte, dit-il, est remis à un prêtre en habit de femme. Ce culte s'adresse à des dieux qui, dans l'Olympe romain, seraient Castor et Pollux. Point de statues, nulle trace d'une origine étrangère; mais ce sont bien deux frères, tous deux jeunes, qu'on adore. » Diodore dit que « les Celtes des bords de l'Océan » (entendez les Germains) vénèrent les Dioscures. Un couple divin analogue existait en Gaule; les images des Dioscures romains, associées à des dieux gaulois, se voient sur un autel parisien du temps de Tibère. Le nom que Tacite donne aux Dioscures germains, *Alcis*, est inexpliqué.

On ne sait rien sur d'autres divinités germaniques comme la *Tanfana* et la *Baduhenna* de Tacite, comme les nombreuses *déesses-mères*, aux noms barbares, que révèlent par centaines

4

les inscriptions de la vallée du Rhin. Ceux de ces noms où paraît la lettre *h* sont certainement germaniques et non celtiques; mais la conception de ces déesses, généralement groupées par trois, paraît originaire de Gaule, où les fées jouaient un grand rôle, et d'où elles ont passé dans le folklore germanique.

S'ils avaient peu de fées, les anciens Germains croyaient beaucoup aux sorcières. Tacite dit qu'ils attribuaient un caractère sacré aux femmes et qu'ils s'inspiraient de leurs avis. Cela n'implique pas, comme on l'a cru, une sorte de respect chevaleresque pour le sexe faible, mais l'idée, malheureusement trop répandue, que les femmes ont des dons naturels pour la prophétie et pour la magie. Velléda, qui souleva les Bataves contre les Romains en 70, est la plus célèbre des prophétesses germaniques. Devenus chrétiens, les Germains continuèrent à écouter leurs sorcières; mais l'Inquisition leur enseigna à les brûler. Ce sont des dominicains allemands qui écriront le livre stupide intitulé *Marteau des sorcières* (1489) et c'est pour l'Allemagne surtout, contre les sorcières allemandes, que le pape Innocent IV lancera une bulle, affirmation solennelle et infaillible du pouvoir des sorcières, signal d'un carnage hideux qui, au cours de deux siècles, fit brûler vives plus de cent mille innocentes.

Suivant Tacite, les Germains croyaient indigne de leurs dieux de leur élever des temples et des statues; ils se contentaient de les adorer. Mais Tacite n'a rien dit du culte des Germains pour les eaux, les montagnes, les rochers; il n'a fait qu'indiquer en passant leur culte des arbres et des animaux, autrement important que leur panthéon. Les Germains étaient profondément animistes. Toute la nature était peuplée de génies, *elfes* et *trolls*; ceux des eaux sont les *nixes*, ceux des montagnes les géants et les nains. Le génie du Riesengebirge est le fameux géant Rubezahl. Les géants sont les architectes de constructions colossales, forteresses ou châteaux des dieux. Les nains (*zwerge*) sont d'habiles forgerons et fabriquent des armes divines; leur chef est le forgeron *Wieland*. Comme les âmes errantes dans les airs sont assimilées aux vents et que les vents soufflent des montagnes, celles-ci sont devenues le séjour des âmes; c'est dans l'une d'elles, le Kyffhäuser, que l'empereur Frédéric Barberousse est endormi et c'est là qu'il doit se réveiller un jour. Ainsi s'expliquent les sacrifices funéraires offerts sur les hauteurs, en dépit des prohibitions de l'Église. Le culte des sources et des fleuves était aussi développé qu'en Gaule ; on y jetait des offrandes et même, dit-on, des victimes humaines. Pour obtenir de la pluie, on versait de l'eau, parfois sur une jeune fille nue ; c'est un rite de magie sympathique, origine, je crois, du mythe grec de Danaé. L'eau est peuplée d'esprits mâles et femelles, les *nixes*, qui se présentent sous l'aspect de taureaux ou de chevaux et attirent méchamment les hommes dans les abîmes. Le démon féminin de la mer est *Ran*, dont l'époux est *Aegir ;* la mer qui entoure le monde a l'aspect d'un énorme dragon. Dans les forêts sacrées tout arbre a son génie, qui prend la forme d'un hibou, d'un vautour, d'un chat sauvage. L'esprit protecteur d'une famille habite un arbre près de sa demeure ; les dieux de l'Edda ont eux-mêmes leur arbre sacré et tutélaire, Yggdrasill. Qui abat un arbre tue un génie. Les animaux sacrés jouent un très grand rôle. Plutarque a parlé du taureau sur lequel juraient les Cimbres, Tacite de chevaux d'augure et de sangliers-enseignes ; d'autres enseignes étaient surmontées de serpents ou de dragons. Pour nuire à leurs semblables, hommes et femmes pouvaient se transformer en serpents, en loups et en ours. Le loup-garou, chez les Germains, est le pendant masculin de la sorcière; en Norvège, on croit aussi à des *ours-garous*. Sorcières, géants et trolls, déguisés en corbeaux ou en corneilles, chevauchent les nuées d'orage. Dans le sommeil ou lorsque la mort survient, l'âme sort de la bouche humaine sous la forme d'un serpent ou d'une souris ; comme revenant, elle prend la forme d'un quadrupède ou d'un oiseau. Les esprits des champs cultivés sont conçus sous l'aspect de loups, de taureaux, de chiens, de sangliers; on considère comme sacrés ceux de ces animaux qui, au moment de la récolte, sont pris avec les dernières gerbes où ils ont cherché asile. Ce sont là des croyances d'ordre totémique. Mais nous pouvons alléguer, du totémisme germanique, des indices encore plus probants que ceux-là.

Au commencement du VIIIe siècle, les papes Grégoire III et Zacharie recommandent à Boniface, l'apôtre des Germains, de veiller à ce que les convertis s'abstiennent de manger des chevaux, des geais, des corneilles, des cigognes, des castors et des lièvres. Manger du cheval est « un crime immonde et exécrable », ajoute Grégoire III. Évidemment, les papes ne s'inquiètent pas de l'hygiène des Germains, mais de leur religion ; les viandes qu'ils proscrivent sont celles d'animaux sacrés, qui étaient mangés *rituellement*. Or, nous savons que les Islandais, jusqu'à leur conversion (997), mangeaient du cheval « en de certaines occasions » ; nous savons aussi que les Germains sacrifiaient des chevaux, qu'ils plantaient les têtes de chevaux sacrifiés sur des troncs d'arbre, que des chevaux blancs, exempts de tout travail, étaient nourris dans les bois sacrés comme animaux d'augure, qu'un cheval blanc passait pour servir de monture au dieu dans les expéditions militaires des Germains. Tous les neuf ans, les Danois de Sélande immolaient des chevaux, des chiens et des coqs. Ces sacrifices étaient suivis de repas sacrés, dont les victimes faisaient les frais et qui avaient pour but de sanctifier les fidèles par la communion. Les Normands chrétiens appelaient les Suédois « mangeurs de chevaux » ; les géants des légendes germaniques et les sorcières sont réputés hippophages. Ces faits attestent, en Germanie, des survivances peu déguisées de totémisme ; ce ne sont pas les seules.

D'après Bède (vers 700), les premiers chefs des Anglo-Saxons s'appelaient *Hengist* et *Horsa* et descendaient d'Odin, auquel on sacrifiait des chevaux. Or, *hengist* signifie « étalon » et *horsa* « cheval » et Grimm a reconnu que, dans les listes de Bède, les autres rois mythiques ont des noms qui dérivent d'un nom anglo-saxon du cheval (*vicg*). Il semble donc que les vieilles généalogies remontant au dieu Odin impliquent l'existence de clans ayant pour ancêtre mythique un dieu-cheval, comme le Poseidon Hippios des Arcadiens : c'est là un indice manifeste de totémisme.

César observe qu'il n'y a pas de druides en Germanie. Primitivement, le roi était aussi prêtre et passait pour incarner la divinité. Quand la nature semblait irritée, on s'en prenait au roi, comme on dit encore aujourd'hui, en cas de disette ou de mévente, que « c'est la faute du gouvernement ». Un roi pouvait être tué pour *incapacité magique* et remplacé par un chef plus jeune. Tacite connaît déjà des prêtres en Germanie ; ils semblent avoir été nommés à vie et investis d'une autorité très haute. Le prêtre préside aux assemblées populaires et, exécuteur de la volonté divine, prescrit les peines afflictives. Il offre le sacrifice, dont le nom germanique, *Opfer*, dérive du latin *operari*, marque d'une influence romaine là où l'on s'attend le moins à la constater. Les premiers temples, remplaçant les bois sacrés, s'élevèrent en Germanie peu de temps avant le triomphe du christianisme. Alors aussi on y plaça des idoles. Dans la seconde moitié du IVe siècle, un historien grec raconte qu'Athanaric, roi des Goths, voulant arrêter les progrès de la religion nouvelle, fit promener l'image d'une divinité païenne sur un char. Grégoire de Tours fait dire à Clotilde, qui veut convertir Clovis : « Les dieux que vous adorez sont de pierre et de bois. » En 612, à Bregenz, saint Colomban et saint Galles virent trois images en bronze doré auxquelles le peuple offrait des sacrifices et qu'il considérait comme ses patrons ; à l'appel des saints apôtres, ces statues furent brisées à coups de pierres et leurs débris jetés dans le lac. Ce pouvaient être des statues romaines ; mais chez les Saxons, il existait certainement au VIe siècle des statues de fabrication indigène. Widekind de Corvey raconte la victoire des Saxons sur les Thuringiens en 530 et parle, à propos de leur triomphe, de trois statues représentant Mars, Hercule, et Apollon. Au XIe siècle, Adam de Brême, décrivant le temple païen d'Upsal, y signale également trois images de Thor, de Wodan et de Fricco, l'époux de Freya.

Les annales franques de 772 racontent que Charlemagne, vainqueur des Saxons, détruisit un centre de leur culte, près de Heresbourg, qui s'appelait *Ermensul.* Un renseignement plus précis est donné par le chroniqueur Rudolf de Fulda : « Les Saxons, dit-il, vénèrent en plein air un tronc d'arbre de grande dimension, qu'ils appellent *Irminsul,* ce qui signifie : colonne du monde, colonne qui soutient tout. » Cette explication, qui attribue à *irmin* le sens d'« universel », paraît bonne ; le nom du roi des Goths, Ermanaric, est probablement identique à *irmin-rix*, signifiant « le roi suprême ». Il y a apparence qu'une relation s'était établie entre l'*irminsul* et le dieu Mercure, soit à cause de l'analogie des noms (grec *Hermès*), soit parce que le Mercure classique était quelquefois vénéré sous forme de pilier. D'autre part, le Mercure germanique étant Odin, il faut croire qu'Odin était figuré sous l'aspect d'un pilier ou d'un tronc d'arbre qui supportait le monde. Nous trouvons une conception analogue dans les Eddas : c'est le grand arbre cosmique, le frêne Yggdrasill.

Dans le nord de l'Allemagne, vers la fin du moyen âge, il est question de « colonnes de Roland » ; en Suède, il y a des « colonnes de Thor » ; chez les Anglo-Saxons, des « colonnes d'Athelstane. » Ce sont là autant de variantes et de survivances des cultes de l'arbre et du pilier, que l'on a d'ailleurs signalés chez beaucoup de peuples, en Grèce comme en Gaule.

Les rites funéraires des Germains, avec oblations aux morts, ressemblent à ceux de leurs voisins. Le domaine des âmes est tantôt sous terre, dans le royaume de Hel, fille de Loki, tantôt dans un pays du nord ou une île lointaine, tantôt et plus souvent dans les airs. Les âmes des morts fréquentent surtout parmi les hommes au moment des grandes tempêtes de l'automne ; il faut alors les apaiser par des rites que l'Église a christianisés en instituant le *Jour des morts*. Aujourd'hui encore, même en France, on appelle *vent des morts* celui qui souffle dans les premiers jours de novembre et fait tourbillonner les feuilles mortes. L'Église défendit de célébrer ces rites par des mascarades où l'on revêtait des peaux d'animaux, autre indice d'une survivance totémique.

En 872, le gain d'une seule bataille fit du Danois Harald Harfagri le maître de la Norvège. Bon nombre de petits chefs de ce pays se réfugièrent en Islande, qui devint un foyer du vieil esprit germanique et resta indépendante jusqu'au XIIIe siècle. De 900 à 1250 environ, des relations actives existèrent entre la Norvège et l'Islande. Vers l'an 1000, le roi Olaf Tryggvason, qui avait converti la Norvège au christianisme, envoya prêcher l'Évangile en Islande. Le missionnaire réussit; mais les Islandais n'en demeurèrent pas moins attachés à leurs traditions. La poésie des *Scaldes*, née en Norvège, fleurit en Islande plus longtemps et avec plus d'éclat qu'ailleurs. Une prose classique naquit à côté de la poésie nationale; ce fut l'origine de la littérature norroise, qui a fini par exercer, de nos jours, une grande influence sur les littératures de l'Europe.

Ce qui reste de la poésie des Scaldes se compose surtout de poèmes à l'éloge des princes vikings, ces rois des mers du nord. Cette poésie de cour est loin d'être simple. Un des procédés les plus fréquents, dit *kenningar*, consiste à répéter deux ou trois fois la même chose sous une forme compliquée. Les Scaldes donnaient au dieu Odin 115 épithètes; il est le patron des poètes, auxquels il communique le nectar divin, le *met*, qu'il a volé, sous la forme d'un serpent, à la fille d'un géant. Quoique raffinée, la poésie des Scaldes conserve des marques de son origine magique; le *lied*, comme le *carmen* romain, a été d'abord une incantation. Les premiers caractères usités en Scandinavie, les *runes*, écriture créée vers l'an 200 sur le bas Danube et dont on attribue l'invention à Odin, ont servi longtemps de grimoire magique et sont encore employés sur des talismans.

Voici ce qu'on enseigne couramment au sujet de l'Edda, dont la littérature des Scaldes est inséparable. Au XIIe siècle, lorsque le christianisme triompha enfin en Islande, Sœmund Sigfusson recueillit les chants qui servaient de théologie et de littérature aux ancêtres païens de son peuple. Sœmund était un prêtre, qui mourut en 1133. Il appela son recueil l'*Edda*, ce qui signifie l'*aïeule*, comme si le tout avait été raconté par une grand'mère. Au siècle suivant, l'exemple de Sœmund fut suivi par Snorri Sturleson, auteur d'une Edda en prose qui est à la fois le commentaire de la première Edda et le recueil de la science poétique des Scaldes, auteurs des Sagas.

Tout cela doit être révisé. D'abord, l'Edda en vers, qui aurait été écrite par Sœmund vers 1130, n'a été découverte qu'en 1643 par l'évêque Brynjolf Svenisson, qui l'attribua à Sœmund, sans autre raison que le grand savoir dont la tradition faisait honneur à ce prêtre. L'Edda en prose avait été découverte en 1628; pour celle-là, le titre d'Edda était certain; il était certain aussi qu'elle était l'œuvre de Snorri Sturleson, mort en 1241. Mais tout ce qu'on croyait savoir de l'Edda poétique est, comme l'a montré S. Bugge, entaché d'erreur. Voici pourquoi.

Les savants islandais du XVIIe siècle s'occupaient beaucoup des ouvrages de Snorri, auquel son école avait donné le nom d'Edda, signifiant *poétique*. Or, dans l'Edda en prose, sont cités des fragments de poèmes que l'on retrouva en 1643, avec bien d'autres, dans le manuscrit 2365 de la bibliothèque de Copenhague. Alors on publia ces poèmes sous le titre d'*Edda Sœmundi*, en croyant qu'Edda signifiait l'*aïeule*. Il y a là un double malentendu, car une collection de poèmes n'est pas une poétique et l'attribution du recueil à Sœmund reste une hypothèse tout à fait gratuite.

Aucun des poèmes de l'Edda n'a été mis par écrit avant 1250; aucun ne paraît plus ancien que les environs de l'an 900. C'est la poésie des Vikings, non celle des anciens Germains. Et comme les Vikings avaient des relations de toute sorte avec la France, la Grande Bretagne, l'Irlande, il est possible qu'on y trouve des éléments empruntés à des civilisations voisines et même aux traditions classiques, conservées surtout dans les couvents irlandais.

Faut-il conclure de là, comme on a osé le faire, que l'étude de la mythologie germanique doive faire abstraction de l'Edda? Certainement non; mais il faut user de prudence. Ce n'est pas le début de la mythologie germanique, ce n'en est pas non plus l'apogée : c'est de la mythologie scandinave. On peut la comparer à l'art des Vikings, qui reste le produit le plus parfait des arts germaniques, malgré les motifs gréco-romains qu'on y a pu signaler.

Parmi les chants dont se compose l'Edda, les plus importants célèbrent la gloire et les exploits du dieu Odin. L'un de ces chants, la *Voluspa,* mis dans la bouche d'une prophétesse, renferme une véritable cosmogonie[1]. Au commencement était le chaos, entre la région du feu et celle des ténèbres. Muspillheim et Nifflheim. Le givre qui sort du Nifflheim est fécondé par les étincelles jaillies du Muspillheim et ainsi naît le géant Imir, père des géants malfaisants. La gelée fondante donne naissance à une vache divine ; elle lèche, pour se nourrir, la neige dans les creux des rochers et quatre fleuves de lait coulent de ses mamelles. Le premier jour, elle découvre sous la neige une chevelure, le second jour une tête, le troisième un corps : ce fut le dieu Bure. Les petits-fils de Bure sont Odin, Vili et Vé, les dieux de l'âge nouveau.

Odin est un cavalier rapide comme l'éclair ; il s'avance, escorté de deux loups, précédé de deux corbeaux. Actif et bienfaisant, il attaque Imir et le tue. Le cadavre dépecé du géant forme le monde ; la terre est sa chair, la mer est son sang, les pierres sont ses os, la voûte du ciel est son crâne. Mais la victoire des dieux n'est pas complète. Un des fils d'Imir, Bergel-

1. Heinrich, *Histoire de la littérature allemande*, t. I, p. 7 ss. (l'exposé qui suit est emprunté presque textuellement à Heinrich).

mer, a échappé. En même temps, les vers qui rongeaient la chair d'Imir ont donné naissance à la race des nains cachés dans les cavernes, gardiens des trésors enfouis. Les dieux se décident à peupler la terre. Ils déracinent un frêne et un aulne. Du frêne et de l'aulne sort le premier couple humain.

Satisfait de son œuvre, Odin se retire dans la sainte cité d'Asgard, où il règne avec les Ases ses enfants. Auprès de lui siègent Thor, le dieu du tonnerre, et Freyr, le dieu de l'abondance, qui forment avec lui une triade. D'autres dieux peuplent sa cour : Tyr, le dieu de la guerre; Manni, le dieu de la lune; Sunna, la déesse du soleil; Freya, la Vénus scandinave.

Mais la race de Bergelmer s'est multipliée et les géants ont des intelligences à la cour d'Odin. Le dieu Loki conspire avec eux la perte des Ases. Il faut que le plus vigilant des dieux, Heimdall, soit toujours debout sur l'arc-en-ciel, un clairon à la main, prêt à appeler les Ases au combat. Il ne dort pas plus qu'un oiseau et entend l'herbe croître dans les vallées.

Sous le grand frêne Yggdrasill, dont le tronc forme l'axe du monde, habitent trois vierges, gardiennes des destins, les Nornes. Elles ont prédit que la puissance des Ases est attachée à la vie de Balder, le plus beau des fils d'Odin. La mère du jeune dieu, Frigga, rassemble les quatre éléments et leur fait jurer d'épargner son fils. Une seule plante, le gui, a été oubliée et n'a pas prit part au serment. Le traître Loki la cueille et la place dans les mains d'un frère de Balder, Hoeder, qui est aveugle. Cependant les dieux réunis éprouvent l'invulnérabili'é de Balder; Hoeder s'avance, frappe à son tour, et Balder est tué. Il descend chez Héla, la sombre déesse de la mort. Les dieux tentent de le racheter; mais Héla veut pour rançon une larme de chaque créature. Les dieux, les hommes, les pierres elles-mêmes, tout a pleuré pour Balder, sauf une cruelle fille des géants qui ne veut pas donner une larme, et Héla garde sa proie.

Les destins doivent donc s'accomplir. Les géants envahissent Asgard et massacrent les dieux. Un immense incendie dévore le monde et anéantit la race des hommes. Les géants triomphent : c'est la catastrophe que la prophétesse appelle le Crépuscule des dieux (*Goetterdaemmerung*)[1].

1. Ce titre a été donné par Wagner à un drame lyrique dont le sujet est tout différent.

Mais une puissance mystérieuse rétablit l'ordre. Une terre nouvelle sort du sein des flots, belle et verdoyante. Les dieux ressuscitent, et Balder avec eux. Ils se réunissent dans des banquets sans fin, où ils parlent de leurs combats et méditent les oracles du dieu suprême. Ainsi tout finit ou tout continue pour le mieux.

Balder, dont la résurrection assure le bonheur du monde, fait penser à Jésus, mais peut être une conception indépendante; quant aux autres personnages, ce sont bien des guerriers marqués à la dure empreinte des Vikings. Odin lui-même, le père des sages conseils, est avant tout un dieu de la guerre. A sa suite marche une troupe de déesses belliqueuses, les Walkyries, dont la mission est de choisir les guerriers qui tombent dans les batailles et qui seront admis au banquet des dieux dans le palais de la Walhalla. Mourir dans son lit est une honte pour un guerrier. Voilà des idées bien peu chrétiennes.

Cette mythologie scandinave a quelques points communs avec le fonds germanique que nous connaissons par des textes antérieurs. Des noms, d'abord : Odin, Tyr, Thor, Freya; peut-être aussi la conception d'Yggdrasill, qui ressemble à l'Irminsul des Saxons. Enfin l'idée que le monde doit périr par le feu se retrouve dans la mythologie celtique; ce peut donc être un emprunt fait anciennement par les Germains aux Celtes. Le reste est tout à fait isolé, et l'on a de bonnes raisons de croire aujourd'hui que la Bible, les traditions chrétiennes apocryphes, les mythes celtiques et même l'interprétation naïve de monuments figurés, comme les croix sculptées du nord-ouest de l'Angleterre, y ont contribué pour une grande part. Toutefois, on a été trop loin dans cette voie. Bugge exagère sans doute quand il reconnaît le Lucifer chrétien dans Loki, Achille et Jésus dans Balder, Longinus (le soldat romain aveugle de la légende chrétienne) dans l'aveugle Hoeder, enfin dans la Voluspa tout entière un écho de l'apocalypse de saint Jean. Les savants scandinaves du XIXe siècle ont cédé à une sorte de chauvinisme à rebours. Alors que leur pays peut se vanter d'une civilisation originale, des plus belles pierres polies, des plus belles épées de bronze, des incomparables décors de l'art des Vikings, ils ont cru devoir chercher dans le sud de l'Europe l'origine et comme les titres de noblesse de toutes les admirables manifestations du génie nordique. C'est pourtant bien assez que ce génie ait été étouffé par une religion mi-orientale, mi-romaine, dont il a gardé les éléments orientaux après s'être débarrassé, par la Réforme, des éléments romains. Laissons-lui l'honneur d'avoir donné au monde les conceptions eschyléennes de la Voluspa, auxquelles rien n'est comparable, avant Dante, dans le moyen âge occidental.

Des vieux poèmes germaniques recueillis par Charlemagne, pas une ligne n'est venue jusqu'à nous; mais il nous reste des compositions qui, bien que de rédaction postérieure, mettent en œuvre des éléments assez anciens. La première en date est le *Beowulf* anglo-saxon (Xe siècle), récit de la lutte entreprise par le héros gothique Beowulf contre le démon des eaux Grendel, qui a enlevé et dévoré trente compagnons du roi de Danemark. Grendel est vaincu; puis Beowulf attaque un dragon, gardien de trésors dans une caverne, et meurt d'une blessure reçue par lui en tuant le monstre. « Un souffle d'air frais et matinal » traverse ce poème d'une austère simplicité. Nous trouvons ensuite, au début du XIIIe siècle, les épopées proprement germaniques, mise en œuvre, mêlée d'éléments chrétiens, de six cycles épiques · celui de Siegfried, qui combat un dragon, délivre Grimhild et meurt à la fleur de l'âge; celui de Dietrich de Berne, qui est le roi des Goths Théodoric; celui d'Etzel, qui est le roi des Huns Attila; celui de Hettel, le roi des Hegelings, et de sa fille Gudrun; enfin, le cycle lombard du roi Rother. Les trois premiers cycles ont formé le poème des Nibelungen, le cinquième celui de Gudrun. Quant aux belles histoires de Parzival et de son fils Lohengrin, le chevalier du cygne, devenues si populaires grâce à Wagner, j'ai déjà dit qu'elles ne sont pas germaniques d'origine. Aussi bien, Messieurs, est-il temps de m'arrêter dans cette revue rapide, où je crains d'avoir accumulé trop de noms et trop de faits sans leur donner le relief nécessaire. Il vous en restera, j'espère, cette double impression, d'abord que le fonds de la mythologie germanique est original, puis qu'elle n'a cessé, depuis les temps les plus anciens jusqu'à Wagner, de subir l'influence des idées celtiques. A ce titre, elle devient pour nous plus intéressante encore, comme un prolongement de notre mythologie nationale au delà du Rhin.

LE SVASTIKA

PAR

M. L. DE MILLOUÉ

Tous vous connaissez, certainement, ce signe ou ce symbole, que l'on nomme *Croix gammée*, parce que ses quatre branches rappellent des *gammas* soudés entre eux, *Croix pattée*, ou *Croix à crochets*, et presque unanimement maintenant de son nom indien de *Svastika*.

Ce signe se présente à nous sous deux formes 卐 et 卍 entre lesquelles quelques archéologues prétendent établir une différence de signification de toute première importance : le premier étant un symbole de bon augure, de bonheur, le second, au contraire, étant l'attribut des puissances malfaisantes.

Quoi qu'il en soit de ces diverses interprétations — que nous discuterons tout à l'heure — un fait particulièrement intéressant se rattache à ce symbole : son antiquité indiscutable et son universalité.

Nous le rencontrons, en effet, dès les temps préhistoriques, sur des poteries d'abord, puis sur des objets de bronze et de fer — pointes de lances entre autres — puis, plus tard, sur des autels, des monuments funéraires, des vases incisés ou peints, des vêtements, des images divines, des monnaies.

Il est universel puisque, à toutes les époques, et de nos jours encore on le rencontre sur toute l'étendue de notre globe, du Japon à l'Amérique, à l'exclusion toutefois de l'Océanie, où jusqu'à présent on ne l'a pas signalé.

Depuis lontemps archéologues et linguistes se sont évertués à définir le sens et le lieu d'origine de ce symbole à la fois si simple et si caractéristique. Marque de potier, ou de propriétaire, disent les uns ; symbole solaire ou lunaire, ou bien encore de la divinité suprême innommée, disent les autres ; suivant d'autres, enfin, simple coïncidence admissible pour un signe aussi primitif, ou sujet d'ornementation propagé par le commerce international, beaucoup plus actif qu'on ne le croit généralement, même aux temps préhistoriques.

Parmi ces explications, il en est qui ne se tiennent pas debout : celles de la marque de potier — bien que ce soit sur des poteries que l'on relève les plus anciens svastikas — ou d'une marque de propriétaire, car on ne pourrait s'expliquer la propagation universelle d'une marque de fabrique, et moins encore d'une marque individuelle.

Plus rationnelle serait l'opinion d'un décor ornemental; car, d'un côté, nous trouvons des svastikas stylisés susceptibles d'être considérés comme ornements, 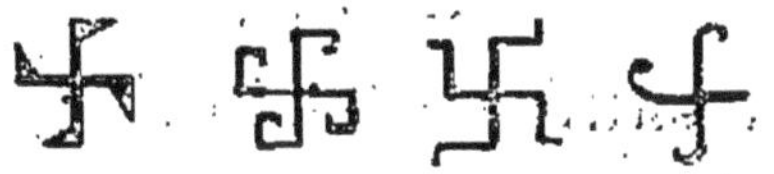 et de l'autre nous savons que le Svastika a été le point de départ de l'ornementation si connue que l'on nomme *grecque* ou *méandre*.

Mais si cette explication répond à la présence du svastika sur des vases ou des objets de luxe, elle n'a plus de base rationnelle quand il s'agit de monnaies, de monuments funéraires ou d'images de divinités.

Il y a là, évidemment, un tout autre ordre d'idées ; une valeur toute différente se rattache dans ce cas à ce symbole. Malheureusement les auteurs de l'antiquité, sauf les Indiens, ont totalement oublié de nous renseigner sur le sens qu'ils y attachaient, ainsi que sur la voie par laquelle il leur était parvenu, et nous nous trouvons en face de deux problèmes à résoudre : le sens probable du Svastika dans la nuit des temps et son lieu d'origine.

Avant de rechercher son sens primitif et traditionnel, je crois plus pratique de déterminer son habitat, bien entendu dans les limites très larges que nous permettent les données actuelles.

Le Svastika, nous l'avons dit tout à l'heure, se rencontre partout, dans l'antiquité ou actuellement, sauf en Océanie; mais il est incontestable qu'on ne peut pas lui supposer partout une génération spontanée et qu'il a dû certainement être un objet d'exportation. Opérons donc par élimination.

En Chine, on ne le trouve sur aucun monument — il est vrai qu'ils sont rares — antérieur au Ve siècle de notre ère, c'est-à-dire à l'implantation définitive du bouddhisme dans ce pays. Nous avons donc une certitude absolue qu'il n'y a été introduit que tardivement par les missionnaires bouddhistes qui l'ont apporté de l'Inde avec leurs dogmes et leurs cérémonies.

Il en est de même au Japon où il ne parait

qu'au VIe siècle, également après l'impatronisation officielle du bouddhisme (552 de notre ère). Nous n'avons donc pas à nous occuper de ces deux pays.

Dans son livre intitulé *Le Svastika*, le professeur Thomas Wilson signale la présence de plusieurs svastikas, plus ou moins stylisés, découverts dans les *mounds* ou tumuli du Tennessee, de l'Ohio et de l'Arkansas, qu'il croit antérieurs à l'arrivée des Européens, c'est-à-dire appartenant à la préhistoire américaine. Mais nous savons combien il est difficile d'établir la préhistoire américaine. Il y a cent ans à peine que les usages et les pratiques préhistoriques relevées en Europe étaient encore courantes chez la plupart des tribus, et nous savons, d'un autre côté, que par des voies encore inconnues, mais très probables, l'Amérique a été dès longtemps en relation avec l'Asie orientale. Il y a donc tout lieu de supposer que le svastika y a été d'importation chinoise ou japonaise antérieurement à la découverte de Christophe Colomb.

Notre aire se resserre et nous ne sommes plus en présence que de l'ancien monde, que nous pouvons dire classique, Asie occidentale, Europe et Afrique.

Or, d'après les travaux récents des archéologues les plus compétents le Svastika est inconnu, ou ne paraît qu'accidentellement dans toute la région sémitique. Dans l'Égypte ancienne, on ne le rencontre qu'à une période relativement récente, sur des vases grecs. Il manque également en Chaldée, en Babylonie, en Assyrie et en Phénicie. Cependant on a trouvé à Chypre une statuette en plomb d'Astarté, de style phénicien, qui porte sur le ventre un Svastika, et beaucoup d'auteurs supposent que les Phéniciens ont été, comme marchands, les propagateurs dans la région méditerranéenne du Svastika figuré sur des objets provenant du Caucase et de l'Asie Mineure.

C'est donc en Europe et dans l'Inde que nous pouvons fixer l'habitat du Svastika ; mais jusqu'à présent il est impossible de préciser son lieu d'origine, qui semblerait devoir être placée dans la région du Caucase, d'après les découvertes de M. Chantre qui l'a rencontré en abondance dans la Cappadoce et l'Arménie. Une monnaie hétéenne est frappée du Svastika.

En Asie Mineure, dans la Troade, les fouilles de M. Schliemann à Hissarlik l'ont signalé en quantité sur des vases de terre cuite très grossière et nombre de fusaïoles où il est très souvent associé soit avec la croix simple, soit avec des disques ou cercles et quelquefois pourvu de trois points à chacun de ses crochets. Ce fait m'avait assez frappé lorsque j'ai visité la Collection Schliemann à Berlin en 1881 pour qu'à mon retour j'aie fait à ce sujet une communication à la Société d'Anthropologie de Lyon.

On le trouve en abondance en Grèce où, selon Schliemann et Goblet d'Alviella, il aurait été importé de la Troade et en premier lieu à Mycènes, puis aurait passé dans les îles de Chypre, Crête, Rhodes, Mélos. Là il figure surtout sur des poteries et des vases de diverses époques, mais aussi sur des agrafes et des fibules de bronze, sous ses deux formes dextre et sénestre, quelquefois associé à des disques et à des croix grecques, souvent aussi sous des formes stylisées. Il disparaît en partie ou se fait rare vers le VIe siècle avant notre ère pour faire place à une ornementation plus compliquée en se transformant en *méandre* ou *grecque*, et reparaît bientôt après sur les monnaies des différentes villes de la Grèce où il est le plus souvent associé à des symboles solaires ou à des divinités de l'ordre lumineux, Apollon, Dionysos,

Héraklès, Hermès. Ce fait a une importance considérable au point de vue de la détermination du sens probable de notre symbole et nous aurons à y revenir tout à l'heure.

En Italie, le Svastika se rencontre surtout dans les terramares de l'Étrurie, principalement sur des poteries, quelquefois sur des objets de bronze et enfin, fait caractéristique, sur des urnes funéraires en argile, affectant la forme d'une cabane, telle que devaient être les habitations à cette époque. Il manque dans le reste de la péninsule, mais se retrouve sur des monnaies de Syracuse, importé sans doute par les Phéniciens ou plutôt encore par les Grecs.

De la fin du IIe siècle au VIe siècle de notre ère le Svastika se montre dans les Catacombes de Rome, soit que les premiers chrétiens, en grande partie originaires de Grèce et d'Asie Mineure, lui attribuassent le même sens mystique qu'à la croix normale, soit qu'en ces temps de persécutions ils voulussent déguiser sous cette forme le signe de leur croyance. C'est également à cette époque qu'il fait son apparition en Égypte sur des étoffes et objets de tout genre, où il voisine avec la croix normale et avec la croix ansée, ainsi que vous pouvez le voir ici même dans notre collection des fouilles d'Antinoé.

En Suisse on l'a trouvé assez fréquemment dans les habitations lacustres, ou palafittes, avec des objets de la fin de l'époque de la pierre polie et du premier âge du bronze, qui paraît avoir été le début de la domestication des animaux et de la culture des céréales.

On le signale en Russie, entre autres comme ornement de la robe du dieu Perkun; en Germanie, en Scandinavie, gravé sur des rochers; en Angleterre, où on l'a trouvé entre autres, sur un autel votif dédié à Jupiter, gravé au-dessus des trois lettres I. O. M.; en Ecosse, où notamment le Svastika sénestre a été découvert inscrit dans le disque solaire sur une pierre celtique.

Mais c'est surtout en Gaule qu'il est intéressant pour nous, bien qu'il ne semble pas avoir été fréquent à l'époque préhistorique. Je n'en connais pas d'exemple sur les monuments mégalithiques. Par contre les palafittes du lac du Bourget nous l'ont révélé, empreint sur des plaques d'argile, revêtements de huttes ou cabanes et nous ont même fourni un moule ou matrice de Svastika devant avoir servi à faire ces empreintes. Les fouilles méthodiques effectuées sur ce point ont mis au jour des instruments de la fin de la période néolithique et du premier âge du bronze, des fragments d'étoffes tissées et des graines et des ossements prouvant la pratique de l'agriculture et de la domestication des animaux, entre autres le mouton et le bœuf.

A l'époque gallo-romaine il se rencontre sur des monnaies et sur des monuments, tels par exemple que l'autel votif du Musée de Toulouse.

Jusqu'ici nous avons suivi l'expansion du Svastika en Occident, il nous faut maintenant retourner sur nos pas, vers l'Orient où nous avons l'habitat le plus important du Svastika, où il a reçu le nom sous lequel nous le connaissons, l'Inde, et où nous trouvons la première explication de son sens.

Actuellement encore c'est par excellence le symbole sacré des Jainas et des Bouddhistes. Il orne le socle ou la poitrine des images de Suparçva, le 7e des 24 Tîrthaṃkaras des Jainas, et chez les Bouddhistes son rôle est encore plus considérable. Il figure sur la poitrine des Bouddhas, particulièrement d'Amitâbha et orne les socles de leurs images. Svastika et Sauvastika —

il semble qu'on les emploie indifféremment — sont avec le Nandyavarta, dérivé stylisé du Svastika ressemblant à une grecque, la roue, le Triçula et le lotus les principaux des 80 signes de bon augure qui décorent les pieds du Bouddha Câkya-Mouni, ceux que l'on rencontre toujours alors même que certains autres seraient omis ou changés. Svastikas ou Sauvastikas se montrent aussi sculptés ou gravés sur les temples et les tumuli funéraires ou commémoratifs, sur les pierres ornementales des portiques des tumuli ou votives où ils voisinent avec la roue, placés au-dessus ou au-dessous de cette dernière figure; enfin l'un ou l'autre se voit, sur ces monuments, posé sur le lotus comme s'il remplaçait l'image du Bouddha lui-même.

Ils se voient aussi sur des monnaies, mais à une époque tardive, environ vers le Ier siècle avant notre ère.

De ce fait que le Svastika n'apparaît chez les Jainas et les Bouddhistes qu'à une époque relativement récente, vers le IIIe siècle avant notre ère, et plus spécialement à partir du règne d'Açoka, et qu'on ne l'a découvert sur aucun monument plus ancien, quelques auteurs ont cru pouvoir conclure qu'il n'avait été introduit dans l'Inde que par les Grecs, à la suite de la conquête d'Alexandre et de la fondation du royaume de Bactriane.

Cet argument ne me paraît pas devoir être pris en considération, car nous savons qu'il n'existe, du moins jusqu'à présent, aucun monument antérieur au IIIe siècle, soit que les Hindous d'alors ne connaissaient ni l'architecture ni la sculpture, soit, ce qui est beaucoup plus probable, qu'ils ne se servaient que de matériaux facilement destructibles, briques séchées au soleil et bois. D'un autre côté, le grammairien Panini, qui vivait au IVe siècle avant notre ère, mentionne le terme Svastika, preuve évidente que ce mot, et la chose qu'il représentait, existait dans l'Inde antérieurement à son époque.

Un fait curieux c'est que le Svastika ne se rencontre pas chez les Perses, nation sœur des Hindous, ou du moins n'apparaît que tardivement et rarement sur des monnaies sassanides. Deux explications sont possibles. Ou bien la branche iranienne se serait séparée du tronc indo-européen avant l'adoption de ce symbole et serait restée en dehors de sa zone de propagation, ou bien encore, et je crois que c'est l'hypothèse la plus plausible, les Perses auraient renoncé à ce symbole pour les mêmes raisons d'antagonisme et peut-être de haine qui leur ont fait changer en démons les dieux des Aryas.

Nous nous trouvons donc en présence de deux zones nettement définies : d'une part la zone sémitique où le Svastika est inconnu, de l'autre la zone indo-européenne où il se manifeste comme le symbole universel des diverses nations qui en sont issues. Reste à déterminer son point d'origine et son mode de propagation.

Ce lieu d'origine, disons-le tout de suite, est impossible à établir. M. Goblet d'Alviella le voit ou sur les bords du Danube, ou dans le Caucase. Le grand nombre de pièces trouvées à Troie, lui fait supposer que la Troade a été, vers le XIVe ou le XIIIe siècle avant notre ère, le point de départ de la diffusion de notre symbole qui aurait passé successivement à Mycènes, dans les Terramares, en Grèce, en Étrurie, en Gaule d'un côté et de l'autre en Lycaonie, au Caucase, en Asie Mineure et enfin dans l'Inde.

Il y a à ce système, une grave objection à faire : les époques. Les palafittes du Bourget, par exemple, ne sont ils pas contemporains ou même antérieurs à l'antique cité de Troie ? J'opinerais plutôt à croire que les Indo-Européens ont emporté avec eux leur symbole national partout où ils ont porté leurs pas après leur séparation, le répandant autour d'eux à chacune de leurs étapes. La diffusion s'en serait opérée par invasion et par le commerce. Je suis même porté à donner au commerce la part la plus considérable, étant donnée l'activité intense qu'il a montrée dès l'époque préhistorique de la pierre polie.

Quant à l'origine même du Svastika, je me

permettrai une simple hypothèse qui paraîtra peut-être bien audacieuse.

L'apparition du Svastika coïncide, dans nos contrées au moins, avec celle du bronze; n'y aurait-il pas lieu de supposer une connexité intime entre ces deux événements, c'est-à dire que les importateurs du bronze ont été aussi ceux du Svastika, importateurs qui ont été peut-être plus marchands que conquérants. Or le bronze, alliage de cuivre et d'étain, a dû s'inventer dans les régions où l'étain est le plus abondant, le plus facile à se procurer. La patrie du bronze ne serait-elle pas aussi celle du Svastika, qui décore d'ailleurs certaines armes de cette époque? Mais pour la trouver, il faut aller la chercher bien loin, dans l'Asie Méridionale. La forme, du reste, des premières épées de bronze rappelle quant à la disposition de la poignée celle qui est en usage de nos jours encore dans l'Inde, et son peu de longueur exige pour la tenir la main effilée des peuples de l'Extrême Orient.

Nous avons maintenant à nous occuper d'une dernière question, et non la moins importante, celle du sens probable du Svastika. Nos classiques sont muets sur ce point. Nous devons écarter tout d'abord les hypothèses de marque de potier ou de propriétaire incompatibles avec la grande extension du signe en question, de même que celle de pur ornement; la présence du Svastika sur des monnaies et son association avec des images de divinités, Apollon, Zeus, Héraclès, Hermès, etc., les rendent inadmissibles. Par contre cette association du Svastika avec des divinités prouve qu'il a partout été revêtu d'un caractère divin, et, en effet, le peu que nous en savons lui donne une signification de bon augure, de prospérité et de fécondité. Nous allons chercher quelles causes on peut attribuer à ce fait; mais pour cela, il nous faut négliger un instant les classiques et faire une incursion dans l'Inde qui, en dépit des préventions, peut-être injustifiées, contre l'antiquité de ses traditions, est la seule contrée où nous trouvions une explication ou une tentative d'explication de ce symbole.

Les brâhmanes prétendent qu'il représente les deux *aranîs*, les *mères d'Agni*, d'où jadis on extrayait le feu par friction, et en font le symbole, on pourrait dire le substitut d'Agni, le feu, le plus ancien, le plus grand des dieux védiques. Les deux barres verticales et horizontales représenteraient les *aranîs*, c'est-à-dire deux morceaux de bois disposés en croix, au centre desquels venait s'insérer le *pramantha*, bâton apointé qui, par un mouvement de rotation rapide imprimé soit par les mains, soit au moyen d'un archet, échauffait le bois des *aranîs* et en faisait jaillir l'étincelle. Les crochets du Svastika seraient les chevilles ou les clous qui fixaient l'instrument par terre.

Nous n'insisterons pas sur cette définition, au moins suspecte, car on ne voit pas la nécessité de deux bûches en croix alors qu'il suffit d'une simple planchette de bois sec percée d'une cavité où puisse s'insérer le foret rotatif; mais il nous faut retenir l'attribution de ce symbole à Agni, d'abord, puis par la suite à Indra, Vichnou, divinités bienveillantes et surtout lumineuses, qui paraissent être intimement aparentées avec Agni. Or Agni est le feu terrestre allumé par le sacrificateur; mais il joue un triple rôle et personnifie l'éclair dans l'atmosphère et le soleil dans le ciel. Agni, ou ses substituts, est source de lumière, de chaleur, il est créateur, il donne et entretient la vie dans tout l'univers; de plus il est éminemment actif et nombre d'hymnes le chantent en le comparant à un oiseau, à un coursier rapide, au taureau vigoureux reproducteur. Son activité se manifeste comme feu, dans la rapidité de la propagation de la flamme, comme soleil dans le mouvement qu'on lui voit faire tous les jours dans le ciel. Or nous savons que tous les primitifs, sans exception, ont représenté le soleil sous la forme d'un disque, avec le plus souvent un point central. Fréquemment ce point est remplacé par une croix inscrite dans le cercle, et presque toujours cette figure est interprétée comme le signe du soleil au repos, c'est-à-dire à son point culminant, à midi. C'est la roue, ou rouelle, que l'on voit associée aux images d'Apollon, de Zeus, de Dîspater, qui est devenue le symbole de la croyance bouddhique, la fameuse *Roue de la Loi*. Mais le soleil n'est pas immobile et je crois que le Svastika est précisément la représentation de son mouvement. Si sa forme habituelle pouvait nous laisser le moindre doute à ce sujet, ce doute serait levé par la forme stylisée qu'il revêt très fréquemment, en Europe surtout, dans l'image du *tétrascèle* ou de sa simplification, le *triscèle*.

Cette figure est celle de quatre ou trois

jambes, dans l'attitude de la course, soit soudées

ensemble, soit réunies par un disque, représentées tantôt seules, tantôt inscrites dans le disque.

Les Hindous ont reconnu et constaté cette signification de mouvement et expliquent que le Svastika dextre figure le mouvement du soleil de son lever jusqu'à midi, tandis que le Svastika sénestre, ou Sauvastika, est l'emblème de sa course de midi à son coucher. L'un serait donc la lumière et la vie, l'autre la course vers les ténèbres et la mort. Ils ont aussi, suivant leur habitude, attribué un sexe à chacune de ces figures. Le Svastika est mâle, créateur, bienfaisant, l'attribut des dieux bons, Agni, Indra, Vichnou; le Sauvastika est femelle, symbole de destruction et de mort, attribut de la redoutable déesse Kālī. Chez les Bouddhistes, il semble que l'emploi des deux formes du Svastika est indifférent; je les ai constatées sur des images du même Bouddha. Au Tibet, cependant, la secte orthodoxe des Gélougpas n'admet que le Svastika dextre, l'autre étant le symbole des démons, tandis que les Nyigmapas et les Bonpos accordent leur préférence au Sauvastika.

De ceci, il découle sans contestation, il me semble, que le Svastika a été dès les temps préhistoriques le symbole du soleil, ou si l'on aime mieux de la lumière, un signe éminemment de bon augure, chez tous les peuples de la race indo-européenne. Si l'on avait le moindre doute sur son origine solaire, il suffirait pour le faire cesser de constater la présence du Svastika sur la poitrine de l'Apollon conduisant son char, reproduit par M. Goblet d'Alviella, et de l'examen du char solaire en terre cuite, trouvé à Salamine, dont les roues sont ornées du Svastika...

Peut-être même devrons-nous remonter, pour expliquer notre symbole, plus haut encore dans l'antiquité : au culte lunaire qui a probablement partout précédé celui du soleil. Les phases si régulières de la lune ont dû nécessairement frapper plus facilement les primitifs que la régularité du mouvement apparent du soleil, et nous savons, du reste, que chez tous les peuples l'année lunaire a précédé l'année solaire, même que chez beaucoup, les Hindous entre autres, elle a survécu parallèlement à l'année solaire au moins pour la fixation des fêtes religieuses et des pratiques traditionnelles du culte journalier ou mensuel. Nous pouvons citer à l'appui de cette hypothèse le témoignage de M. Thomas Wilson et de M. Goblet d'Alviella. Le premier, après avoir signalé des monnaies où le Svastika est entouré ou surmonté de disques solaires, constate que parfois ces disques sont remplacés par des croissants. Le second relève que, sur des monnaies aussi, les jambes de triscèles ou de tétrascèles sont remplacées par des croissants. Il y aurait donc là une survivance, ou une réminiscence de l'antique culte lunaire auquel nous faisons allusion.

Symbole solaire ou symbole lunaire, cet exposé de l'usage et de l'expansion du Svastika nous paraît autoriser deux conclusions :

La première, c'est que c'est un symbole éminemment et universellement Aryen ;

La seconde, c'est que partout, dans l'ancien monde européen, comme aujourd'hui encore dans l'Extrême Orient, il est l'emblème du bonheur, de la prospérité, de la vie. Pour les Indo-Aryens c'est l'équivalent de la Croix ansée des Égyptiens, du Globe ailé des Chaldéo-Assyriens.

LES
SAINTES ÉCRITURES DU BOUDDHISME

Comment s'est constitué le Canon sacré

PAR

M. SYLVAIN LÉVI

Toutes les religions organisées se voient obligées, à une étape de leur carrière, de se constituer un *Canon*, c'est-à-dire un ensemble défini de textes qu'on impose au fidèle comme la règle de l'orthodoxie, et qu'on oppose à l'adversaire comme une autorité indiscutable. Le judaïsme a « la Loi et les Prophètes » ; le christianisme a l'Évangile et les Épîtres ; l'islamisme a le Coran ; les brahmanes ont le Veda. Le bouddhisme a ses « Trois Corbeilles » (Tripiṭaka) qui contiennent dans son intégralité la « Parole du Bouddha ». Passons rapidement en revue ces Trois Corbeilles, des Sûtras, du Vinaya, de l'Abhidharma ; le choix des textes admis dans le Canon nous instruira par surcroît sur l'esprit même de la religion qui s'y exprime.

La Corbeille du Vinaya est la règle de la vie monastique, tant à l'usage des religieux qu'à l'usage des nonnes ; de ce fait, le Vinaya est double (*ubhato-vinaya*) ; chaque rubrique y paraît deux fois, côté des hommes et côté des femmes. Les sections sont au nombre de cinq : Pâtimokkha, Mahâvagga, Cullavagga, Suttavibhanga, Parivâra. Le Pâtimokkha, destiné à être lu publiquement les jours périodiques de confession, n'est guère qu'une liste de péchés avec les sanctions afférentes. Le Mahâvagga et le Cullavagga donnent le code détaillé des obligations, soit journalières, soit accidentelles ; chaque prescription y est introduite par le récit d'un événement qui l'occasionne et la justifie. La narration s'y étale à son aise : une biographie partielle du Bouddha ouvre le Mahâvagga ; le Cullavagga se ferme sur le récit des conciles tenus après la mort du

Bouddha. Le Suttavibhanga est un véritable commentaire des articles du Pâtimokkha; il en raconte l'origine, en interprète le sens, en discute les applications. Le Parivâra est une espèce de « Deutéronome », revision et catéchisme à la fois.

La Corbeille des Sûtras renferme une masse énorme de prédications et de récits édifiants introduits par une formule stéréotypée : « C'est ainsi que j'ai entendu. Un jour le Bienheureux résidait à ... ». Elle est répartie en quatre sections : la Collection Longue (*Digha Nikâya*), formée des textes les plus étendus, au nombre de trente-quatre; — la Collection Moyenne (*Majjhima Nikâya*), qui comprend les textes d'étendue moyenne, au nombre de cent cinquante-deux; — la Collection Mêlée (*Samyutta Nikâya*), sorte de pot-pourri où ont été versées des collections de toute nature, au total sept mille sept cent soixante-deux textes; — la Collection Numérique (*Anguttara Nikâya*), où les enseignements portant sur des rubriques numérales ont été rassemblés et classés par ordre de gradation ascendante, de la rubrique Un à la rubrique Onze, en tout neuf mille cinq cent cinquante-sept morceaux.

A ces quatre collections vient encore s'ajouter une cinquième, franchement artificielle, qui comprend tout ce qu'on n'a pas pu classer ailleurs, la Collection Mineure (*Khuddaka Nikâya*) ; des œuvres nommément attribuées à des disciples du Bouddha sont même venues ici s'incorporer sans scandale dans « la Parole du Maître ». Les éléments de la Collection Mineure sont :

Le *Khuddaka-pâṭha*, petit groupe de menus textes, en partie incorporés aussi dans d'autres sections ;

Le *Dhammapada*, trésor des sentences du Bouddha, en vers ;

L'*Udâna*, suite de courts récits édifiants terminés chacun par un apophthegme ;

L'*Itivuttaka*, petits sermons introduits par une formule spéciale [vuttaṃ hetaṃ...] ;

Le *Sutta Nipâta*, admirable recueil de morceaux certainement anciens, et déjà groupés antérieurement en sous-collections ;

Le *Vimâna vatthu* et le *Peta vatthu*, récits en vers d'actes, respectivement bons ou mauvais, qui ont valu à leurs auteurs soit le ciel, soit l'enfer ;

Les *Thera gâthâs* et les *Therî gâthâs*, poèmes

dus à des religieux ou des religieuses de mérite éminent ;

Le *Jâtaka,* cinq cent quarante-sept récits d'existences antérieures du Bouddha ;

Le *Niddesa,* commentaire sur trente-trois pièces du Sutta-Nipâta, attribué à Çâriputra ;

Le *Patisambhidâ magga,* suite d'enseignements scolastiques sur la voie de la connaissance sainte ;

L'*Apadâna,* biographies en vers de saints et de saintes ;

Le *Buddhavaṃsa,* histoire de la succession des Bouddhas ;

Le *Cariyâ piṭaka,* récit versifié d'existences antérieures du Bouddha.

La troisième Corbeille est celle de l'Abhidhârma. Classée de pair avec les deux autres, elle n'en occupe pas moins de fait un rang inférieur. Elle consiste en sept traités de métaphysique : *Dhammasaṃgaṇi, Vibhaṅga, Kathâvatthu, Puggalapaññatti, Dhâtukathâ, Yamaka, Paṭṭhâna.*

Tel est l'ensemble du Canon. Voulons-nous savoir comment il s'est constitué ? Aussitôt après la mort du Bouddha, un de ses principaux disciples, Kâçyapa, a convoqué un concile de cinq cents moines, tous des saints, à Râjagṛha. Ânanda, le cousin et le disciple préféré du maître, a récité les Sûtras ; Upâli, l'ancien barbier reconnu comme le plus compétent en matière de Discipline, a récité le Vinaya. De l'Abhidharma, on ne parle point encore ; il reste l'apanage exclusif des Dieux, à qui le Bouddha l'a prêché ; c'est plus tard seulement que des voyants le révèleront à la terre. Un siècle après le Nirvâṇa, un second concile se réunit à Vaiçâlî, pour régler dix questions de pratique qui ont agité toute l'Église ; l'assemblée procède à une nouvelle récitation du Canon. Un siècle encore se passe ; le puissant Açoka règne alors à Pâṭaliputra, et l'Inde entière est soumise à son empire ; la communauté bouddhique est en mal de schismes. Nouveau concile, cette fois-ci officiel, convoqué par l'autorité royale ; nouvelle récitation des textes, sous la présidence de Tissa Moggaliputta, qui communique au Concile le dernier des textes d'Abhidharma, le Kathâvatthu. Des missions vont porter la parole du Bouddha aux extrémités de l'empire, et même au dehors. Le fils d'Açoka, Mahendra, convertit Ceylan et y apporte les Trois Corbeilles, vers 250 avant J.-C. La tradition orale les y préserve avec une fidélité scrupuleuse pendant deux siècles ; mais les troubles politiques semblent à la longue menacer leur conservation ; vers 50 avant J.-C., le roi Vaṭṭa Gâmani réunit un concile singhalais qui fixe par écrit les Livres Saints. Dès lors, les copies pieusement exécutées dans les monastères assurent la perpétuité des textes.

J'ai parlé jusqu'ici comme le plus fidèle des adeptes du Canon pali ; moines ou laïcs de Ceylan, de Birmanie, du Siam, du Cambodge pourraient souscrire sans restriction à l'histoire du Canon telle que je l'ai tracée. Mais changeons de pays, et le dogme va changer.

Dans l'Inde même, le bouddhisme a disparu ; seul, à l'extrême nord, dans l'Himalaya, le Népal le voit végéter encore, décrépit et moribond ; les Gourkhas, maîtres du pays, ont adopté le brahmanisme, et les Névars assujettis, appauvris, regardent nonchalamment s'écrouler leurs vieux sanctuaires. Les couvents dégénérés ne gardent plus que des fragments de la littérature bouddhique. Le Canon ancien a disparu ; l'Église l'a remplacé par neuf Dharmas, « Lois » : la Prajñâ Pâramitâ en huit mille lignes ; le Gaṇḍa vyûha ; le Daçabhûmîçvara ; le Samâdhirâja ; le Lankâvatâra ; le Saddharmapuṇḍarîka, « Lotus de la Bonne Loi » ; le Tathâgataguhyaka ; le Lalitavistara ; le Suvarṇa prabhâsa. A ces textes consacrés, il faudrait en ajouter d'autres encore, certainement anciens : le Mahâvastu, le Divyâvadâna, etc. Tous ces textes sont écrits, soit en sanscrit, soit dans des langues voisines du sanscrit, mais différentes du pali. Le désordre et les lacunes de la collection népalaise, si riche qu'elle soit, lui ont nui dans l'opinion des savants, séduits par la belle ordonnance du Canon pali ; on s'est plu longtemps à représenter ces textes comme des remaniements tardifs des originaux palis, mal compris par des interprètes trop ignorants. On a signalé, comme une tare radicale du bouddhisme sanscrit, l'absence du Vinaya dans cette collection : mais le Mahâvastu se présente, et non sans raison, comme une partie du Vinaya des Lokottaravâdins classés dans l'école des Mahâ-Sâṃghikas ; le Divyâvadâna a été reconnu récemment comme formé en grande partie de fragments du Vinaya des Mûla Sarvâstivâdins. Une critique impartiale a de plus signalé dans d'autres textes népalais des recensions indépendantes de morceaux admis par ailleurs dans le Canon pali.

Le Tibet, converti au bouddhisme à partir du VIIe siècle, a une immense littérature sacrée répartie entre deux collections : le Kanjour (*Bka'-gyur*) et le Tanjour (*Bstan-gyur*). Le Kanjour est le Canon, au sens le plus restreint ; c'est « la Parole du Bouddha », tandis que le Tanjour contient les Pères de l'Eglise, la littérature exégétique et les traités techniques. Le Kanjour est divisé en sept sections : Dulva, Çer-phyin, Phal-chen, Dkon-brtsegs, Mdo, Myañ-'das, Rgyud.

Le Dulva, c'est-à-dire le Vinaya, est une vaste compilation en treize volumes ; en fait, c'est le Vinaya de l'école Mùla Sarvâstivâdin, qui était rédigé en sanscrit, et dont le Népal nous a conservé de longs extraits. Ce Vinaya monstrueux, écrit avec art, mêle et brouille tous les genres ; les prescriptions ont souvent l'air de simples prétextes à conter de longues histoires familières, héroïques, comiques, fabuleuses, romanesques ; c'est en soi un canon déjà complet.

Les cinq sections suivantes sont des recueils de sûtras : le Çer-phyin, en dix-huit volumes, contient toutes les nombreuses recensions de la Perfection de Sapience (Prajñâ-Pâramitâ) ;

la plus développée équivaut en longueur à cent mille vers (100.000 × 32 syllabes !). Le Phal-chen (Avataṃsaka), en six volumes, le Dkon-brtsegs (Ratnakûṭa), en six volumes, le Myañ-'das (Nirvâṇa), en deux volumes, sont des cellections de sûtras groupés par analogie de doctrine ou de sujet. La cinquième section, le Mdo (Sûtra), en trente volumes, a absorbé tous les sûtras qui n'entraient pas dans les trois autres groupes. Enfin le Rgyud (Tantra), en vingt-deux volumes, est la littérature magique, si fortement en honneur au Tibet.

A part treize sûtras, incorporés comme un appendice à la fin du dernier volume de la section Mdo, et qui se présentent eux-mêmes comme traduits du pali, les textes du Kanjour n'ont pas de correspondant exact dans le Canon de l'Eglise singhalaise. L'Eglise singhalaise se donne comme l'héritière des Anciens, les Sthaviras (en pali, Theras) ; son enseignement ne vise qu'à faire des saints définitivement arrachés au tourbillon des transmigrations, ancrés dans le port du Nirvâṇa ; ce sont les Arhats. La collection tibétaine, comme la népalaise, se réclame d'une autre doctrine, qui se qualifie de Grand Véhicule (Mahâyâna).

Le Grand Véhicule arrache le saint du Nirvâṇa où il est arrivé, comme le Petit Véhicule (Hînayâna) l'arrachait des transmigrations ; il le ramène, épuré, sublimé, à la vie active, pour accomplir le salut de l'univers entier.

La Chine, entamée par l'apostolat bouddhique dès le Ier siècle de l'ère chrétienne, n'a pas cessé d'absorber pendant plus de dix siècles, avec une sereine impartialité, tous les textes que missionnaires, aventuriers, pèlerins lui apportaient de partout ; il lui en est venu de l'Inde, de Ceylan, de Birmanie, du monde iranien, du monde turc. Les Trois Corbeilles de la Chine n'ont d'un Canon que le nom seul ; toutes les doctrines y ont trouvé leur place. De 518 à 1737, le Canon des livres bouddhiques n'a pas été dressé moins de douze fois. Encore faut-il y ajouter la collection de Corée, riche de textes originaux empruntés à la Chine, qui a été constituée en 1010 et qui nous a été transmise dans un exemplaire unique, conservé au Japon.

Le cadre du Canon chinois en exprime bien l'esprit ; il conserve la division traditionnelle des Trois Corbeilles ; mais, sous chaque rubrique, il ouvre deux sections : Mahâyâna et Hînayâna, le Mahâyâna en tête. La Corbeille des Sûtras du Mahâyâna reproduit en partie les classes du Kanjour tibétain : Prajñâ-pâramitâ, Ratnakûṭa, Avataṃsaka, Nirvâṇa ; elle y ajoute le Mahâsaṃnipâta, et ouvre ensuite une série spéciale pour les sûtras restés en dehors de ces collections ; elle les distribue en deux groupes, selon qu'ils ont été traduits plusieurs fois ou une fois seulement.

La Corbeille des Sûtras du Hînayâna consiste essentiellement en quatre collections (Âgamas) respectivement dénommées Longue, Moyenne, Mêlée, Un-et-plus. Sous ces désignations, on reconnaît le pendant des quatre Nikâyas palis. En fait, la ressemblance est frappante ; elle ne va pas à l'identité. C'est bien, en grande partie, les mêmes morceaux qui figurent de part et d'autre ; mais la disposition de l'ensemble et des détails diffère, le développement des mêmes sûtras offre de notables divergences ; enfin les transcriptions des noms propres laissent deviner un original en sanscrit, ou en quasi-sancrit. Aurait-il donc existé, dans une des langues sacrées de l'Inde propre, une rédaction de ces quatre Collections indépendante du pali, conservée par une tradition autonome ?

La Corbeille du Vinaya renferme dans la classe du Mahâyâna une série de traités sur la discipline des Bodhisattvas; ici, plus de couvents, plus de règles monastiques ; des dissertations philosophiques et morales éloignées du Vinaya pali, sans rapport même avec lui. Mais la classe du Hînayâna ne contient pas moins de cinq Vinayas apparentés plus ou moins intimement au Vinaya pali ; nous retrouvons là tout entier le Code monastique des Dharmaguptas, des Mahîçâsakas, des Mahâsâṅghikas, des Sarvâstivâdins, enfin de ces Mûla Sarvâstivâdins dont le Kanjour tibétain possède aussi la version, et dont les compilations népalaises ont préservé des fragments dans la langue originale. Des textes détachés nous renseignent sur le Vinaya d'autres écoles encore, les Kâçyapîyas, les Saṃmatîyas. Nous avons clairement affaire, dans tous ces Vinayas, à des rédactions indépendantes fondées sur une tradition commune, et qui s'échelonnent par l'ordre intérieur, par la composition, par les éléments, entre le Vinaya un peu sec du pali et le Vinaya presque épique des Mûla Sarvâstivâdins.

La Corbeille de l'Abhidharma, dans ses deux

sections, contraste par sa richesse avec la sobriété étriquée de l'Abhidharma pali; on y retrouve, dans une image fidèle, quoique incomplète, l'intensité d'activité de la pensée philosophique et de la controverse dans les écoles du bouddhisme. Parmi les sept traités canoniques de l'Abhidharma Hînayâniste, deux au moins rappellent par leur titre des correspondants palis : le Prajñapti-çâstra [Puggala-paññatti] et le Dhâtukâya [Dhâtukathâ].

A la suite des Trois Corbeilles, les Chinois ont encore admis une autre catégorie, analogue au Tanjour tibétain : les ouvrages dus aux Pères de l'Eglise, soit Indiens, soit Chinois.

L'inventaire du Canon bouddhique s'est, en outre, enrichi depuis douze ans à peine d'une annexe importante, et qui va en s'enrichissant sans cesse. Les recherches et les fouilles poursuivies en Asie Centrale ont ramené au jour des originaux qui semblaient irrémédiablement perdus et des traductions plutôt inattendues. La découverte, par Dutreuil de Rhins et par Pétrovsky, des deux moitiés d'un Dhammapada écrit dans un alphabet très ancien et rédigé dans un dialecte sanscrit ouvrit la série des trouvailles sensationnelles; Stein, Grünwedel,

Von Lecoq, Pelliot ont tour à tour apporté des matériaux qui restent encore pour la plus grande partie à déchiffrer. Mais dès maintenant nous possédons des fragments authentiques de ce Saṃyukta Âgama sanscrit que la version chinoise laissait deviner, et jusqu'à trois rédactions sanscrites de ce Dhammapada que le Canon pali s'enorgueillissait d'avoir seul préservé. Nous voyons s'annoncer toute une littérature bouddhique de versions turques, et aussi en langue Tokharî, une langue entièrement inconnue hier encore, et qui vient s'ajouter à la famille des langues indo-européennes.

Nous ne sommes plus dès lors en présence d'un Canon unique, privilégié, comme on s'est plu trop souvent à représenter le Canon pali. Soit dans les textes originaux, soit dans des versions en langues fort diverses, nous connaissons d'autres Canons, aussi riches, aussi fournis, aussi bien ordonnés que le Canon pali. Comment choisir entre les prétentions rivales ? A qui décerner le brevet d'authenticité, réclamé de part et d'autre avec une égale assurance ?

Le pali, à l'en croire lui-même, est la langue du Bouddha. Pali n'est qu'une désignation impropre ; son vrai nom, c'est Mâgadhî, la langue du Magadha. Or le Bouddha a vécu dans le Magadha, prêché dans le Magadha ; il s'adressait à tous, sans distinction de caste ; il n'avait que faire du sanscrit, la langue sacrée des brahmanes ; il a dû parler la langue courante, la Mâgadhî. Mais la Mâgadhî nous est connue par des textes épigraphiques, des grammaires, et des textes littéraires. Elle a deux caractères fondamentaux et saillants : elle substitue constamment *l* à *r* [lâja « roi », au lieu de râja] ; le nominatif masculin singulier des mots en *a*, le plus souvent en *o* dans les dialectes sanscrits, s'y termine en *e* [deve « le dieu », au lieu de devo]. Le pali maintient la lettre *r* et conserve la flexion en *o*. Il est donc étranger au Magadha. Son berceau reste encore à trouver ; on a proposé Ujjayinî, la côte de Guzerate (Lâṭa), la côte au Sud de l'Orissa (Kaliṅga) ; mais le Magadha est hors de cause. Si le Bouddha parlait la Mâgadhî, le Canon pali ne saurait en aucun cas être la notation directe de son enseignement.

Le Canon pali se vante d'avoir été « chanté » pour la troisième fois au temps d'Açoka, sur l'invitation expresse de ce prince. Açoka devait donc se servir des textes palis. Or nous possédons une lettre d'Açoka au clergé magadhien, gravée sur une pierre ; le roi y signale sept textes dont il recommande la lecture aux religieux et aux laïques (Vinaya samukase, Aliyavasâni, Anâgatabhayâni, Munigâthâ, Moneyasûte, Upatisapasine, Lâghulovâde musâvâdaṃ adhigicya bhagavatâ budhena bhâsite). De ces sept titres, le dernier seul se retrouve dans la collection palie (Majjhima Nikâya, n° 61) ; le Canon sanscrit l'avait aussi puisqu'il se retrouve dans la version chinoise du recueil correspondant (Madhyama Âgama, n° 14). Mais les particularités linguistiques des mots qui figurent dans ce simple titre suffisent pour attester que le sûtra en question n'était pas rédigé en pali, ni en sanscrit, ni dans les dialectes épigraphiques d'Açoka. On a pour les autres titres proposé des identifications ingénieuses, mais que rien n'impose. Les monuments bouddhiques groupés autour du règne d'Açoka (Bharhut, Sanchi) portent des inscriptions votives ou explicatives rédigées dans des dialectes qui ne sont pas le pali.

La garantie des trois Conciles n'est pas plus sérieuse. Le premier Concile est une invention pieuse trop mal venue pour tromper personne ;

le second Concile reste suspendu en l'air, sans aucune connexion historique, et se réduit en fin de compte à une menue controverse de discipline. Au reste, toutes les Écoles bouddhiques s'approprient le même récit, même les Mahâsâṃghikas contre qui pourtant le second Concile aurait été rédigé si on en croit la tradition palie. La légende ne rencontre l'histoire qu'avec le nom d'Açoka ; mais le saint qui préside le troisième Concile est entièrement inconnu en dehors de cet épisode ; la maigre légende constituée autour de sa personnalité falote rappelle de trop près, pour être originale, la légende d'un autre saint, Upagupta, que les autres récits peignent avec un relief vigoureux comme le guide spirituel d'Açoka. La première donnée positive ne date que du Ier siècle avant J.-C. ; le Concile qui fixe alors par écrit les textes sacrés est une assemblée locale qui intéresse tout au plus quelques couvents de Ceylan. Mais la tradition des écoles Sarvâstivâdins place dans la même période un Concile convoqué pour le même objet, et d'une portée bien plus considérable. Le roi Kaniṣka, de qui les hordes scythiques ont soumis l'Inde du Nord, veut par politique ou par dévotion fixer le dogme ; un Concile tenu au

Cachemire arrête le Canon sanscrit, rédige un commentaire continu des Trois Corbeilles ; un écrivain de génie, Açvaghoṣa, prête aux élucubrations des théologiens les ressources de son style. Tandis que le Canon pali reste encore pour longtemps confiné dans Ceylan où des adversaires puissants (l'école des Mahîçâsakas) le tiennent en échec, le Canon sanscrit des Sarvâstivâdins se propage sur les routes du Turkestan et de la Chine, et les bateaux des colons hindous vont le porter dans l'Indo-Chine et dans l'Archipel Indien. D'autres écoles, moins prospères, mais vivaces pourtant, élaborent aussi vers la même époque leur Canon dans des dialectes néo-sanscrits (prâcrits, apabhraṃça).

Somme toute, la constitution du Canon est un fait tardif qui s'est vraisemblablement produit dans les diverses écoles vers la même période, un peu avant l'ère chrétienne. C'est à l'histoire politique et à l'histoire économique qu'il faudrait sans doute demander les raisons de ce phénomène ; la soudaine diffusion de l'écriture et spécialement des matériaux à écrire provoque une révolution comparable à l'invention de l'imprimerie. Mais si la formation du Canon est tardive, ce n'est pas à dire que certains au moins des éléments qu'il contient ne soient pas de date ancienne. Personne encore ne peut écrire l'histoire exacte du Canon; mais nous sommes pourtant en état de nous représenter avec une approximation suffisante les stages successifs de cette élaboration.

La tradition, trop facilement acceptée, suppose l'unité primitive de l'Église, et l'exprime par le premier Concile. Les faits protestent cependant contre elle. Le chef d'un groupe assez important, survenu après la clôture du Concile et invité à reconnaître le Canon comme il a été fixé, répond : « La Loi et la Discipline ont été bien chantées. Néanmoins, je veux les garder comme je les ai entendues moi-même, et recueillies de la bouche même du Maître. » Il n'en pouvait être autrement. Le prestige personnel du Bouddha, l'ambition, l'intérêt avaient amené dans la Communauté des religieux de toute provenance; ascètes, barbiers et balayeurs y coudoyaient des princes, des marchands, des philosophes. Rendus par la mort du chef à leurs tendances originelles, les uns et les autres essayèrent avec une parfaite sincérité d'y accommoder les enseignements reçus. Contre ces menaces de désordre et d'anarchie, l'Église avait une sauvegarde. Toutes les quinzaines, les religieux errants ou sédentaires devaient se réunir par paroisse, écouter la récitation des Règles Fondamentales (Prâtimokṣa), et confesser les infractions commises. L'institution de chaque règle se rattachait, ou prétendait se rattacher à un incident réel survenu au temps du Bouddha; le récit de ces incidents, la biographie des personnages qui y étaient mêlés étaient autant de thèmes offerts à l'imagination et au style. De plus, la vie de couvent, qui allait en se développant sans cesse, proposait aussi sans cesse des problèmes pratiques qu'il fallait résoudre au nom du fondateur de l'ordre. Les couvents les plus riches, les mieux fréquentés, se créaient ainsi des collections qui se perpétuaient en s'accroissant. Les religieux errants, qui circulaient toujours nombreux de couvent en couvent, maintenaient dans ce vaste ensemble une communication constante qui tendait à niveler les divergences trop accusées. Réduits par élagage à leurs éléments communs, les Vinayas de toutes les écoles se ramènent sans effort à une sorte d'archétype unique, qui n'est pas le Vinaya primitif, mais la moyenne des Vinayas.

En dehors des prescriptions monastiques, l'invention littéraire des moines trouvait aussi à s'exercer sur les souvenirs, réels ou légendaires, de la biographie du Bouddha. Colportés par les mêmes courtiers d'échange, les meilleurs morceaux ne tardaient pas à s'imposer partout, à peine altérés par les accidents de la route, par le goût local ou le parler local. A mesure que le nombre s'en multipliait, le besoin de les classer s'imposait. Les textes sanscrits et palis ont perpétué le souvenir d'une de ces anciennes classifications, distribuée en neuf (pali) ou douze (sanscrit) rubriques [sûtra, geya, vyâkaraṇa, gâthâ, udâna, ityukta, jâtaka, adbhutadharma, vaipulya (pali : vedalla), et de plus, en sanscrit seulement : nidâna, avadâna, upadeça]. L'usage classique a conservé plusieurs de ces dénominations ; d'autres ont si bien disparu, à la constitution du Canon, que leur sens est condamné à rester toujours obscur. Le Canon même nous a conservé une des collections qui l'ont précédé et préparé, l'admirable recueil du Sutta Nipâta (intégralement dans les Trois Corbeilles du pali ; attesté, mais incomplet, en sanscrit) ; le Sutta Nipâta n'est à son tour que la réunion de sous-collections (qui conservaient dans le Canon sanscrit leur existence autonome : Arthavarga, Pârâyaṇa, etc.) ; plusieurs des textes recommandés par Açoka dans l'Edit de Bhabra semblent appartenir à ce recueil. Au témoignage manifeste de tous les Canons, la poésie, ou tout au moins la forme métrique, resta d'abord l'appareil indispensable des compositions littéraires destinées à se transmettre. Plus tard, quand la prose envahissante trouva dans l'écriture une auxiliaire trop complaisante, il fallut créer de nouveaux cadres. L'idée des quatre grands Recueils (Nikâyas en pali, Âgamas en sanscrit) fut probablement inspirée par la division des Vedas en quatre Recueils (Saṃhitâ) ; en tout cas l'unité admise comme principe de classement (grandeur croissante d'étendue ou de nombre) est la même qu'ont adoptée les diascévastes des Vedas. Les principes du classement interne, dans chacun des recueils, sont encore à déterminer ; la disposition varie, nous l'avons déjà constaté, du pali au sanscrit.

Il faut l'avouer loyalement : l'état présent de nos connaissances ne permet pas de trancher entre les prétentions rivales des divers Canons. On oppose volontiers le Canon Pali à tout le bloc des textes bouddhiques de l'Inde, englobés sous la désignation de Canon Sanscrit ou Septentrional. Le procédé peut être commode; il est d'avance frappé de stérilité. La première précaution de critique est d'isoler, dans ce prétendu bloc, la part propre des diverses écoles; ce départ une fois fait, il ne faut comparer entre eux que des ouvrages qui, de leur propre aveu, sont foncièrement analogues. Je suis loin de dire qu'il n'y a pas d'intérêt à rapprocher un morceau de Nikâya pali avec un passage du Lalita vistara ou du Mahâvastu ; on peut suivre ainsi les états divers d'une légende ou d'une tradition au cours de ses voyages. Mais on ne peut pas légitimement aller plus loin, ni tirer parti du rapprochement pour affirmer ou contester la priorité du Canon pali sur le Canon sanscrit. Il faut, pour cet objet, comparer les Vinayas aux Vinayas, les Nikâyas aux Âgamas; où l'original manque, c'est aux versions chinoise ou tibétaine (turque ou tokharî, peut-être bientôt) à paraître en témoignage. La longue faveur dont le Canon pali a joui dans la science résistera-t-elle à cette épreuve? Je n'oserais l'affirmer. Prenons par exemple le Vinaya des Mûla Sarvâstivâdins, en sanscrit; cet immense pot-pourri de la Discipline bouddhique fait pendant, de façon frappante, au Mahâ Bhârata, l'épopée de la Discipline brahmanique; son bouillonnement tumultueux et chaotique contraste avec la régularité sèche et froide du Vinaya pali. Mais l'ordonnance correcte et rigoureuse des matières marque, plutôt que la confusion des genres, un stage avancé de l'art ou de la technique. Le plus prudent est de se réserver, et d'attendre. L'histoire de l'Inde avance d'une marche lente, mais continue : elle nous a fait déjà connaître le Saint-Jérôme des Ecritures palies, Buddhaghosa, traducteur et commentateur hors ligne; en ce moment même, elle dégage de la brume une autre grande figure, le Saint-Augustin du Canon sanscrit, Açvaghoṣa.

LE COMMERCE

ET LA

PROPAGATION DES RELIGIONS DANS LE MONDE ROMAIN

PAR

M. R. CAGNAT

On a dit très justement que le commerce a toujours été le meilleur des missionnaires. En mettant en contact des peuples et des races différents, en créant entre eux des relations journalières, parfois intimes, il rapproche nécessairement les idées religieuses et mélange les cultes; mais le résultat de ces mélanges varie avec la nature de la religion professée, avec l'intensité de la foi. Certains immigrants, sans renier leur passé, sans renoncer à leurs conceptions propres, ne refusent pas de prendre part aux cérémonies qui se pratiquent dans les pays où ils s'installent; à opérer une sorte de fusion, apparente, si l'on veut, entre leurs anciennes croyances et les manifestations religieuses extérieures qu'ils trouvent établies. Pour ceux-là la conversion n'est pas éloignée ; en tout cas, elle est possible. D'autres, au contraire, gardiens jaloux de la foi nationale, restent fermés à toutes les influences du dehors ; ils ont besoin de se créer, sur le sol étranger, le milieu religieux où ils ont vécu jusque-là et hors duquel ils ne comprennent pas qu'on puisse vivre ; ce sont les forts, les prosélytes, les agents, parfois inconscients, des transformations religieuses.

Je n'aurais pas songé à revenir sur ces vérités devenues presque des banalités si des fouilles et des travaux récents n'avaient, pour deux grands ports antiques, intermédiaires entre Rome et les pays méditerranéens, et pour Rome même, appelé de nouveau l'attention sur la question, et ne nous permettaient de saisir, une fois de plus, sur le vif, les rapports qui ont uni, dans le monde romain comme ailleurs, la pénétration religieuse avec la pénétration commerciale. Ce sera donc, surtout, le résultat de ces fouilles et de ces travaux que je vous exposerai ici.

Mais avant d'entrer dans le sujet et pour l'éclairer, il me semble nécessaire de rappeler en quelques mots quels étaient, à l'époque romaine, les principaux marchés établis dans les diverses provinces, les voies commerciales qui y donnaient accès et les intermédiaires qui les alimentaient[1].

Rome, du moins à partir du IIe siècle avant J.-C., était le centre du commerce mondial, le point où affluaient les objets de nécessité et de luxe que produisait l'univers entier. Par l'Espagne, surtout par le port de Gadès, lui arrivaient non seulement les produits du sol ou de l'industrie espagnole qui ne prenaient pas la route de terre, mais les marchandises apportées à travers l'Océan; par Bordeaux, Lyon et Arles, celles qu'expédiaient la Gaule, la Bretagne et la Germanie; par Aquilée, où convergeaient toutes les routes de l'Illyricum, les productions du Norique et des rivages de la Baltique. Les relations avec le Bosphore avaient aussi une certaine importance : dans le grand entrepôt de Tanaïs, à l'embouchure du Don, se rencontraient les nomades de l'Europe et de l'Asie et les Grecs du Bosphore. L'Asie Mineure envoyait surtout les laines et les tissus d'Angora, les broderies

1. Voir sur tout ceci le résumé que M. Besnier et moi avons donné dans le *Dictionnaire des Antiquités* de M. Saglio, au mot *Mercatura*.

d'or d'Attale et les draps de Laodicée, ainsi que des esclaves, amenés par des marchands Galates. Mais la première place dans l'histoire économique de Rome revient, sans conteste, à la Syrie et à l'Egypte.

Tout d'abord, un grand nombre d'industries importantes pour l'exportation étaient en honneur dans la Syrie, celles de la toile, de la pourpre, de la soie et du verre; mais surtout, grâce à sa situation, à l'audace et à l'habileté commerciales des habitants, cette province constituait une région de transit merveilleusement active; c'est là qu'aboutissaient la masse des marchandises qui se dirigeaient d'Orient en Occident par les routes de l'Euphrate, à travers le pays des Parthes, ou qu'on apportait par la mer dans le golfe Persique, et que des caravanes faisaient passer à travers la Syrie jusqu'à un port d'embarquement de la Méditerranée. Il existait, sur la route, des entrepôts très achalandés, Pétra, la capitale des Nabatéens, Palmyre, le centre le plus considérable de la région, et Bostra, située à mi-route de l'une et de l'autre. Par là venaient aussi les produits de l'Arabie, encens, pierres précieuses, gomme, aloès, myrrhe, épices de toute sorte, quand ils n'étaient pas dirigés vers l'Egypte.

C'est, en effet, cette dernière province, bien plus encore que la Syrie, qui recevait la plupart des marchandises arrivant de l'Extrême-Orient et entrant dans le golfe Arabique. Là, deux ports s'offraient au commerce, Bérénice et surtout Myos Hormos, situé plus au Nord, rade immense et admirablement défendue contre la mer. A l'époque romaine, elle devint le rendez-vous des marchands de tous les pays. Une fois débarqués, les colis y étaient chargés à dos de chameau et portés à travers le désert jusqu'à Coptos, d'où ils étaient expédiés par le Nil jusqu'à Alexandrie. L'Egypte servait aussi de trait d'union commercial entre Rome et le royaume des Axoumites; ceux-ci fournissaient aux Occidentaux des produits rares et recherchés, surtout des défenses d'éléphants et des cornes de rhinocéros. Les rois du pays avaient, pour la facilité des communications, établi une route directe entre leur capitale, Axoum, et la frontière romaine; mais on se servait aussi de la voie maritime, par le port d'Adulis, dans la baie de Massouah.

Si l'on songe qu'à toutes ces denrées asiatiques ou africaines, s'ajoutaient celles que produisait l'Egypte elle-même, on se fera aisément une idée de l'intensité du commerce dont Alexandrie était le siège; cette ville était bien, suivant le mot de Strabon, le plus grand entrepôt de toute la terre. Son port était renommé pour sa sécurité, ses quais de débarquement, ses magasins et aussi le phare qui en éclairait la nuit les abords; des routes de terre et des canaux la reliaient à l'intérieur. Située au croisement des principales voies commerciales du monde antique, elle servait d'intermédiaire obligatoire entre l'Extrême-Orient et le monde méditerranéen; c'est à Alexandrie que l'Occident devait venir chercher, avec les blés récoltés dans le pays et toujours si impatiemment attendus à Rome, les marchandises de luxe que l'Inde envoyait par la mer Rouge et l'Ethiopie par le Nil.

Malgré leur fertilité, les provinces africaines n'ont jamais occupé une telle place dans l'histoire du luxe romain. Sans doute, elles produisaient, plus encore que l'Egypte, du blé et de l'huile; mais à part quelques emporia des Syrtes, comme Leptis Magna et Tacape, qui recevaient directement de l'intérieur des denrées précieuses, de la poudre d'or, de l'ivoire, de l'ébène, des fauves et des esclaves, les ports de l'Afrique du

Nord, Carthage comprise, n'exportaient guère que des produits agricoles.

On ne s'étonnera donc pas que, dans ce qui va suivre, il soit surtout question de marchands levantins, égyptiens et syriens. Si on les rencontre partout, sur les côtes de la Méditerranée et à Rome même, ce n'est pas seulement parce qu'ils avaient le génie du commerce, qu'ils étaient habiles et entreprenants, avides de gain, souples et prêts à toutes les opérations fructueuses, mais parce que leurs pays étaient désignés par la nature comme des lieux de transit nécessaires entre les contrées les plus éloignées qui fussent connues alors et le monde occidental. Ils devaient donc être amenés, par la force des choses, à jouer un rôle de premier ordre dans l'existence économique de Rome; ils devaient en jouer un, non moins important, dans son évolution religieuse.

***

Au milieu de la poussière d'îles qui prolongent à travers la mer Egée l'Attique et l'île d'Eubée, s'élève un rocher nu et aride : c'est Délos la sainte, le berceau d'Apollon et de sa sœur Artémis. L'Ecole française d'Athènes, on le sait, y poursuit depuis quarante ans des recherches et des fouilles qui ont rendu à la lumière un des centres religieux les plus vénérés du monde grec et toutes les annexes dont il était entouré. Mais Délos n'était point seulement un sanctuaire; ce fut une place de trafic très florissante; les relations pieuses qu'elle entretenait avec le reste du monde se doublèrent de relations commerciales. Sa situation même la désignait à cette mission. Placée au centre des Cyclades, à égale distance de la Grèce et de l'Asie, elle formait un point de concentration où devaient converger tout naturellement les navigateurs venant de l'Orient (Syrie ou Egypte) pour gagner l'Occident (Sicile et Italie) et ceux que l'Occident envoyait vers l'Orient pour y chercher les produits de luxe qui lui manquaient.

Cet éclat commercial, Délos le dut surtout aux Romains. Dès la fin du IIIe siècle avant J.-C., des négociants venus d'Italie s'étaient établis dans l'île pour y fonder des maisons de commission ou pour représenter des capitalistes italiens[1]. La colonie prit très vite une grosse importance; si bien qu'en 166, à sa demande,

1. Sur les étrangers à Délos voir surtout Th. Homolle, *Bull. de corr. hellén.*, VIII, p. 113 et suiv. (avec les références qu'il donne), et Diehl, *Excursions arch. en Grèce*, p. 147 et suiv.

le Sénat, afin de combattre toute concurrence et surtout celle de Rhodes, afin de concentrer à Délos le commerce entier du Levant, établit dans l'île un port franc. Le résultat ne se fit pas attendre : Rhodes fut ruinée du coup. Il restait encore à Délos une rivale commerciale, la riche Corinthe. Mis en appétit par leur premier succès, les négociants déliens demandèrent à grands cris à en être débarrassés pareillement. Ils n'attendirent que vingt années : en 146, Corinthe était prise par les armes romaines et détruite. Désormais, il n'y avait plus de centre d'échange entre l'Italie, la Grèce et l'Orient hormis l'île de Délos.

Et les échanges étaient considérables ; car, ainsi que l'a montré M. Homolle, tous les objets de luxe que produisait l'Orient trouvaient des acheteurs à Rome et s'y vendaient fort cher : œuvres d'art, étoffes précieuses, épices, produits des pays grecs et orientaux, tout venait à Délos. Un autre article fort demandé était aussi l'esclave ; en un seul jour on en débitait parfois plus de mille têtes.

Ce fut bien mieux encore lorsque, après la réduction de l'Asie en province romaine (133 av. J.-C.), les compagnies de navigation, les sociétés de crédit et les maisons de commerce purent entrer directement en relations avec les pays d'origine de toutes ces marchandises si recherchées. La prospérité de l'entrepôt de Délos fut immense. La ville devient véritablement alors cosmopolite ; on accourt en foule dans l'île de tous les côtés ; toutes les races s'y mêlent et s'y confondent : les Romains y coudoient les Athéniens ; les Egyptiens voisinent avec les Syriens ; on y rencontre des citoyens d'Alexandrie, d'Antioche, de Tyr, de Sidon, de Beyrouth, d'Arados, d'Ascalon, de Laodicée, d'Hiérapolis, de Nicomédie, d'Héraclée du Pont, de Nicée, d'Amisus, même des Sabéens venus du pays des parfums et des épices ; et ces étrangers forment des corporations riches et puissantes. Les inscriptions nous les font connaître. La plus influente est celle des Italiens et des Romains, formée dès le milieu du IIe siècle avant J.-C., sous le nom de « Hermaïstes » ; à la même époque à peu près les négociants de Tyr se groupent sous le vocable de « Héracléistes » ; puis ceux de Beyrouth, sous celui de « Poseidoniastes ». Il y a aussi un synode d'Egyptiens, peut être plus ancien que les précédents, une communauté de Juifs, une autre de Syriens d'Hiérapolis et d'Ascalon. Ainsi, suivant la loi naturelle qui rapproche toujours sur une terre étrangère les fils d'un même pays, les compatriotes se resserrent à Délos pour la défense de leurs intérêts, pour le plaisir de vivre ensemble et de s'entretenir de leurs besoins communs, pour se prêter assistance en face de leurs rivaux, pour exercer sur le marché une influence et aussi pour retrouver, à leur contact réciproque le sentiment de la patrie absente et du foyer éloigné.

Il est encore un autre sentiment que cette cohésion leur permet de satisfaire : le sentiment religieux, si puissant dans l'antiquité, si ardent surtout chez les peuples orientaux. Les noms mêmes que ces corporations avaient pris nous le prouvent: elles avaient choisi chacune comme patron le dieu que leurs membres avaient appris chez eux à vénérer, celui auquel ils se seraient adressés sur la terre natale et qui en était, à leurs yeux, l'image la plus éloquente. Les Romains et les Italiens étaient placés sous l'invocation de Mercure et de Maia, à qui ils sacrifiaient, suivant l'usage national, le 15 du mois de mai. « Aux ides de mai, dit Festus, se célèbre la fête des marchands, parce que, ce jour-là, le temple de Mercure a été dédié. » Ce caractère de protecteur du commerce, attribué à Mercure par les Latins, est trop connu pour qu'il soit utile d'y insister; mais il convient de rappeler qu'à Rome même, à une époque relativement reculée (259 av. J.-C.), les marchands auxquels la loi Icilia avait permis de se fixer sur l'Aventin, s'étaient constitués en une sodalité religieuse et avaient pris le nom de *Mercatores* ou *Mercuriales.* Leurs frères de Délos, qui vivaient en terre grecque, sont appelés Hermaïstes sur les inscriptions; mais lorsqu'ils font une offrande en latin, c'est à Mercurius qu'ils s'adressent, non à Hermès. Les gens de Tyr s'appelaient Héracléistes; c'est qu'ils étaient voués au culte d'Héraclès, non point l'Héraclès du panthéon grec, mais un Melkart. De même les Poseidoniastes de Beyrouth se recommandaient de quelque divinité phénicienne assimilée à Poseidon, et les Apolloniastes de quelque Baal, caché sous le voile d'Apollon.

Ainsi, dans cette île qui avait prospéré depuis une haute antiquité par le culte d'Apollon, le véritable Apollon, celui-là, le fils de Latone et le frère d'Artémis, où il occupait toujours en nom la première place, s'étaient successivement introduites, par le commerce et avec les commerçants, toute une série de divinités exotiques.

Cet autel, que le dieu du jour s'était élevé à lui-même, suivant la légende, avec les cornes des chèvres abattues par ses flèches, et qu'il avait laissé aux Déliens comme gage de sa reconnaissance, ne suffisait pas à la piété de tous ces hommes d'affaires, si différents de mœurs et de croyances; il fallait à chacun des groupes qu'ils constituaient, son lieu de prières propre et son culte traditionnel.

Les fouilles de l'Ecole française d'Athènes nous ont rendu successivement ces différents sanctuaires. Ce qui caractérise les plus importants d'entre eux, c'est, en général, qu'ils ne sont pas isolés, à la manière des temples dont les ruines se voient sur l'emplacement des villes antiques, mais qu'ils font partie intégrante de bâtiments plus considérables, plus complexes, de ces entrepôts commerciaux où chaque nation se réunissait; la chapelle en constituait un élément essentiel, à côté de la Bourse du commerce et des magasins.

Le plus complet à cet égard, du moins pour le moment, est le local affecté jadis à la compagnie des Poseidoniastes de Beyrouth. Le sanctuaire avait été exploré en 1882 par M. Salomon Reinach; en 1904, le reste du monument a été mis au jour. Voici la description qui en a été donnée[1].

« Cet établissement forme un vaste rectangle, quelque peu irrégulier, orienté assez exactement suivant les quatre points cardinaux. Sa plus grande longueur est de 45 mètres environ, sa

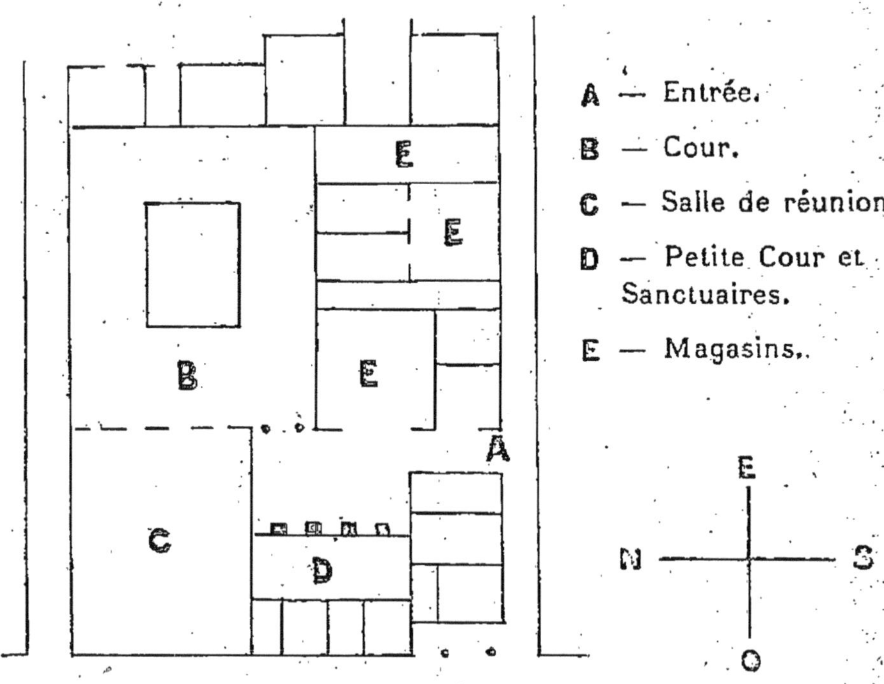

plus grande largeur de 35. Il est bordé de rues de tous côtés, sauf à l'Est. L'édifice semble reproduire à plus grande échelle les dispositions ordinairement adoptées dans les maisons privées. Un couloir étroit (A), ouvrant sur le côté

1. *Comptes rendus de l'Acad. des Inscr.*, 1904, p. 734.

Sud, donne accès dans une cour, encadrée d'un portique, qu'entourent les différentes salles (B). Le centre de cette cour est occupé par une vaste et profonde citerne, creusée en partie dans le roc; elle était voûtée et recouverte d'une mosaïque dont, par malheur, il ne reste aucun débris... Le portique est d'ordre dorique; l'exécution en est passablement grossière, mais elle présente, dans l'ajustage des différents morceaux, de curieuses particularités de technique; sur les épistyles sont gravées, en lettres monumentales, des inscriptions dédicatoires d'un grand intérêt, provenant des bienfaiteurs de la Confrérie des Poseidoniastes. Comme il arrive à Délos, dans un certain nombre de maisons, la cour n'est pas placée au centre de l'édifice. Elle occupe ici l'angle Nord-Est et les salles s'ouvrent seulement sur ses côtés Ouest et Sud. On trouve, d'abord, à l'angle Nord-Ouest de l'édifice, une très vaste salle (C), pavée en mosaïque, qui semble avoir été la salle d'honneur de la Confrérie. Faisant pendant à cette salle, dans l'angle Sud-Ouest est le sanctuaire (D) exploré par M. S. Reinach : il est précédé d'une sorte de seconde cour, qu'une colonnade isole de la première et comprend quatre petites chambres, ouvrant sur un portique couvert, dont chacune était peut-être consacrée au culte d'une divinité particulière. Sur le côté Sud ouvraient aussi une ou plusieurs salles (E), dont il ne reste aujourd'hui que les sous-sols. Ces sous-sols devaient être utilisés comme magasins. »

L'établissement des marchands romains était beaucoup plus important : il occupait un espace triple ou quadruple dans la plus belle partie de l'île, entre l'enceinte d'Apollon et le lac sacré. Cyriaque d'Ancône, au XVe siècle, vit encore debout les innombrables colonnes qui en soutenaient les portiques ; elles n'existent plus de nos jours ; mais les fouilles ont permis de se faire une idée exacte de l'édifice avec ses exèdres, ses mosaïques, ses statues. Au centre s'étend une vaste cour de forme trapézoïdale de 90 mètres de long sur 70 de large ; les quatre côtés, garnis d'un portique d'ordre dorique, sont occupés par une série de chambres de formes diverses, dont la nature, pour chacune, n'est point aisée à déterminer ; mais que l'on ne se trompera pas en regardant les unes comme des logements — on y a même constaté l'existence de salles de bains — les autres comme des bureaux, des salles de réunion et des chapelles. Les sous-sols étaient a-t-on supposé, utilisés comme magasins; on y a trouvé un alignement de longues rangées d'amphores. On aurait donc là, en plus grand, la répétition de ce qui a été constaté chez les Poseidoniastes.

Le temple que les marchands et les armateurs syriens, réunis sous le patronage de leur Héraclès, demandèrent en 150 l'autorisation de consacrer n'a pas été retrouvé; mais on sait, à peu près, où était le sanctuaire que les gens d'Hiérapolis élevèrent à leurs divinités nationales, Adad et Atargatis. Son emplacement approximatif a été reconnu en 1881, par Am. Hauvette, sur la pente occidentale du Cynthe, au-dessous de la « Caverne du Dragon ».

A côté existent les ruines d'un édifice, exactement orienté du Sud au Nord, et composé d'un pronaos et d'une *cella*. C'est un temple du genre de ceux que l'on appelait *in antis*. L'espace compris entre les autres et les deux colonnes de la façade était fermé jadis par un mur; les colonnes elles-mêmes étaient réunies par une grille. Le pronaos était garni, à droite et à gauche, d'un banc de marbre massif; au milieu de la *cella* se voient les restes d'une grande base. Les inscriptions découvertes sur place révèlent que le lieu était consacré à Sérapis. Presque toutes portent les noms de Sérapis, d'Isis, d'Anubis et d'Harpocrate.

Non loin, vers le Nord, se voyait une autre construction, plus petite, également précédée de deux colonnes qui en soutenaient la façade. On a dit qu'elle abritait la statue d'Isis ; d'autres y voient une chapelle dédiée à l'Aphrodite Syrienne. De toutes façons, l'Egypte voisinait là avec l'Asie ; et l'on a eu raison de donner à cet ensemble le nom de sanctuaire des divinités étrangères.

Evidemment, la juxtaposition et le mélange de tous ces cultes exotiques ne peut s'expliquer que par la juxtaposition et le mélange de leurs adorateurs autour du port de Délos.

***

La prospérité de Délos dura jusqu'à l'époque de la guerre de Mithridate. A ce moment, en 88, un des généraux du roi du Pont, Archelaos ou Metrophanes, voulant frapper Rome dans son commerce, envahit l'île et la ravagea ; les temples furent pillés, les statues brisées, la colonie romaine massacrée ou dispersée. C'était un premier coup porté à la prospérité de la place, mais non point encore le coup mortel. La guerre finie, il y eut un renouveau. Les Romains revinrent; on redressa les statues, on répara les ruines; les affaires reprirent; on se remit à espérer en l'avenir. Mais l'heure fatale était arrivée. Durant la deuxième guerre de Mithridate, en 69, les pirates s'abattirent à leur tour sur la sainte Délos, dont les temples et les magasins regorgeaient encore de richesses; ce dernier désastre lui fut fatal. Déjà après la crise de 88, les négociants étrangers avaient cessé en partie de fréquenter son port; bientôt les Romains quittèrent la place à leur tour. Le grand entrepôt entre Rome et le Levant se déplaça. Il faut le chercher maintenant sur les côtes mêmes de l'Italie, à Pouzzoles.

Pouzzoles était située sur le rivage campanien, à quelques lieues de Naples, vers le Sud-Ouest, au fond d'une rade spacieuse, qu'il était assez aisé de protéger contre les vents et les flots. Au début du IIe siècle avant notre ère, Rome, qui allait entrer en relations suivies avec la Grèce et avec l'Asie, sentit le besoin d'avoir un port dans la région où aboutissait alors pour l'Italie le commerce méditerranéen, en Campanie. Elle aurait bien pu essayer de détourner le trafic vers son propre port, Ostie; mais Ostie était déjà dans de très mauvaises conditions; les atterrissements formés par le limon du Tibre tendaient chaque jour à l'ensabler davantage et les bâtiments, venant du large, devaient jeter l'ancre à une certaine distance et rester exposés à l'agitation de la mer; il ne fallait pas songer à y attirer les étrangers. Le plus sage était de faire de Pouzzoles l'emporium officiel de la République. De là, les marchandises pouvaient assez aisément gagner la capitale en longeant par mer le rivage, assez inhospitalier du reste, du Latium, ou plutôt par voie de terre, par la *via Appia* qui passait à quelque distance au Nord-Est.

La consécration donnée au port de Pouzzoles par la puissance romaine explique le développement de la ville après les guerres puniques et l'établissement sur ce point de colonies diverses dont j'aurai à parler tout à l'heure. Cependant, comme dit Lucilius, il n'y avait encore là qu'une *Délos minor;* mais c'était déjà beaucoup qu'on songeât à comparer cette nouvelle venue au plus grand entrepôt de la Méditerranée. Le jour où la grande Délos disparut, la fortune de la petite changea subitement; la chute de l'une assura l'apogée de l'autre. Nous la voyons au temps de Cicéron, en relations d'affaires constantes avec les pays d'outre-mer. « Grâce aux ouvrages de Cicéron, écrit un auteur qui vient de consacrer à Pouzzoles romaine un livre important[1], on peut se faire une idée de la vie commerciale de Pouzzoles, vers la fin de la République. On y lit les noms de quelques riches commerçants, possesseurs de nombreux navires. C. Rabirius Postumus, le fameux banquier, était du nombre. Sa flotte de commerce était magnifique. Créancier du roi Ptolémée Aulète, surintendant des finances égyptiennes, il fut à un certain moment le roi du commerce égyptien et putéolan.

» Dans un passage des Verrines, Cicéron nomme d'autres négociants. Ceux-ci, menacés, pillés par Verrès, étaient venus à Rome comme témoins, lors du procès intenté au célèbre malversateur. « Je vois ici toute la ville de Pouzzoles, dit Cicéron ; je vois ici une foule de négociants riches et honnêtes, venus pour attester que leurs associés, que leurs affranchis, dépouillés, mis aux fers par Verrès, ont été les uns assassinés en prison, les autres frappés par la hache. L'orateur nomme les victimes ou les témoins apparte-

1. Ch. Dubois, *Pouzzoles antique*, Paris, 1907, p. 74 et suiv.

nant aux plus grandes familles de Pouzzoles : c'est un Flavius, c'est un Annius, c'est un Granius. Verrès a fait tuer des affranchis de ce dernier, lui a volé ses marchandises et pris un navire.

» D'autres marchands trafiquaient plus spécialement en Asie : ainsi Cluvius, qui faisait la banque et pressurait la population pour le compte de Pompée, dont il était le prête-nom. Cicéron écrivait à ce propos à Thermus, pro-préteur de Cilicie : Cluvius de Pouzzoles est un de mes amis les meilleurs et les plus intimes. Il a des intérêts dans votre province... Les gens de Mylasa et d'Alabanda lui doivent de l'argent ; outre cela, Philoclès d'Alabanda s'est engagé avec lui par des hypothèques. Les Héracléotes et les Bargyliètes sont également ses débiteurs. Il lui est encore dû par les Cauniens.

» Vers la même époque, un autre commerçant de Pouzzoles, Vestorius, y introduisait d'Egypte, certaines industries. Pouzzoles était, après Rome, le rendez-vous des publicains et des spéculateurs ; ils y brassaient leurs affaires louches et y faisaient le commerce de l'argent. Lorsqu'on fut obligé de prendre des mesures pour éviter que la monnaie ne sortît d'Italie, et quand la loi Gabinia eut défendu aux provinciaux d'emprunter à Rome, Cicéron, alors consul, interdit toute vente dans le port de Pouzzoles, n'y permettant que le troc à l'égard des étrangers, afin d'empêcher l'argent de se diriger vers la Grèce. Il y envoya, avec cette mission, le questeur Vatinius qui, au lieu de s'acquitter honnêtement de cette tâche, se conduisit avec les Pouzzolans comme un autre Verrès. Pouzzoles dut être, à cette époque agitée, le théâtre de bien d'autres scandales. Les nouvelles du monde entier, qui y affluaient, exactes ou déformées, mettaient en émoi la population; tout ce qui se passait en Asie Mineure, en Grèce, en Egypte, y trouvait un écho. »

On comprend dès lors aisément pourquoi les inscriptions de Pouzzoles nous font connaître tant de marchands étrangers, constitués en corporations et solidement établis avec leurs dieux dans le pays. Il semble que les Egyptiens y aient pris pied les premiers. C'est entre 200 et 150, suivant M. Lafaye[1], qu'ils s'y seraient solidement établis. Un arrêté municipal de l'an 105 avant J.-C. nous a été conservé, qui traite de travaux à exécuter devant le temple de Sérapis. Or, pour qu'à cette date il pût être question de

1. *Culte des divinités d'Alexandrie*, p. 40.

ce culte dans un document officiel, il faut, a-t-on dit, que celui-ci ait existé au moins depuis une cinquantaine d'années. De là, certainement, le nom des divinités égyptiennes s'était répandu dans les régions voisines, notamment à Pompéi, où un temple d'Isis avait été élevé, suivant toute apparence, au IIe siècle avant J.-C. Il est possible, au reste, probable même, que ces divinités du Nil, n'ont pas été importées directement à Pouzzolles, mais par l'intermédiaire de la Sicile ou de Délos. Le fait, au fond, reste le même. On n'a pas trouvé sur place de traces importantes des cultes égyptiens, sauf quelques statues ou statuettes. Il est vrai qu'on a longtemps regardé un des seuls édifices encore existants au bord de la mer, comme un temple dédié à Sérapis; on ne doute plus aujourd'hui qu'il faille y voir un marché.

A en juger par le nombre des documents qui nous sont parvenues, là, comme à Délos, les Asiatiques formaient la majorité de la colonie étrangère; à côté d'armateurs ou de mariniers du Rhône ou de la Saône, de marchands d'huile ou de salaisons espagnols, de commerçants en blé de Carthage ou de Cyrénaïque, on trouve des négociants de Korykos, de Nicomédie, de Pergé, d'Ephèse; des Nabatéens, des Syriens de Beyrouth, de Tyr, d'Héliopolis et d'autres villes du Levant. Les Tyriens semblent y avoir été particulièrement puissants. Nous avons à leur sujet un document de premier ordre, qui nous montre bien l'organisation de leur communauté. C'est une lettre écrite en 174 après J.-C., par les Tyriens résidant à Pouzzoles « à la ville des Tyriens, métropole sacrée, inviolable, autonome de la Phénicie et des autres villes, et la première sur mer; aux fonctionnaires, au Conseil, à l'assemblée du peuple de la patrie souveraine ». Elle est ainsi conçue :

« Par les Dieux et par la Fortune de l'Empereur, notre maître. Comme vous le savez, il y a à Pouzzoles d'autres « stations » que la nôtre; mais par son organisation et sa grandeur la nôtre est supérieure aux autres. Jadis les Tyriens résidant à Pouzzoles subvenaient à son entretien parce qu'ils étaient nombreux et riches. Mais aujourd'hui notre nombre a diminué fortement, si bien que devant, d'autre part, fournir aux sacrifices et au culte de nos divinités nationales qui ont ici leurs temples, nous ne pouvons faire face à la location de la « station » qui est de 250 deniers par an... En conséquence, si vous voulez que notre « station » soit maintenue, nous vous prions de prendre à votre charge le payement de 250 deniers de la location... Nous vous rappelons aussi que nous ne recevons aucune contribution ni des armateurs ni des négociants, contrairement à ce qui se passe dans la ville souveraine de Rome. Nous nous adressons donc à vous; notre sort dépend de vous. Occupez-vous de l'affaire.

» Lettre écrite à Pouzzoles, le sixième jour avant les calendes d'août, sous le consulat de Gallus et de Flaccus Cornelianus. »

A quoi le Sénat avait répondu que la demande paraissait juste et que, puisque les Tyriens de Rome avaient toujours eu l'habitude de verser à ceux de Pouzzoles, sur les sommes perçues par eux-mêmes, les 250 deniers en question, la coutume devait être maintenue dans l'intérêt de la patrie.

Rien ne nous montre mieux que ce document la façon dont se comportaient à l'étranger ces commerçants levantins, quelles relations intimes ils entretenaient avec la mère-patrie et les ports de commerce voisins, comment ils unissaient le trafic à la religion. On s'est, en effet, longtemps demandé ce qu'il fallait entendre par le mot « station », inscrit au début de la lettre des Tyriens. L'explication définitive a été donnée, il y a une dizaine d'années, par un savant italien, M. Cantarelli. Il a eu l'idée de comparer cette station avec des établissements que possédaient au moyen âge les nations occidentales en rapport de commerce avec l'Orient, et que l'on nommait *fondachi*. C'étaient, dit-il, de grands édifices destinés à loger les marchands et à emmagasiner les marchandises. Les Génois, les Vénitiens, les Pisans possédaient en Orient des entrepôts de cette sorte et, à leur exemple, on en avait établi à Venise pour les peuples qui commerçaient avec la République, entre autres, les Turcs, les Sarrazins, les Allemands.

L'organisation du *fondaco* des Allemands est la mieux connue. Dans les salles qui le composaient, outre les négociants qui venaient des provinces germaniques et qui y déposaient leurs marchandises, se logeaient encore les jeunes gens désireux d'apprendre la langue italienne et les usages du commerce, comme aussi d'autres personnes qui se rendaient à Venise pour professer les différents arts et qui étaient assez nombreux pour former des écoles ou des corporations.

De même à Alexandrie, chaque marchand trouvait dans le *fondaco* de sa nation, un logis et un abri pour ses marchandises; et, rapprochement très précieux, des chapelains, domiciliés dans l'établissement, se tenaient à la disposition de leurs compatriotes : les *fondachi* avaient, en effet, leur chapelle, consacrée au patron de la nation de laquelle ils dépendaient[1].

Il en était certainement ainsi à Pouzzoles pour les Tyriens. Cette « station », très riche au moment de la prospérité du port, devenue ensuite comme une succursale de celle de Rome, comprenait à la fois une hôtellerie pour les Tyriens établis dans la ville, une série de ma-

1. On a noté la même organisation dans l'Italie méridionale (Yver, *Commerce et marchands dans l'Italie méridionale*, p. 195 et suiv.) : A Naples, à Barletta, tout comme à Constantinople et à Acre, chaque communauté possède son *vicus*, sa *plathea*, sa *loggia*. Les Marseillais, les Pisans, les Génois, les Vénitiens qui, après les Amalfitains, étaient venus s'installer dans les ports de l'Italie méridionale, procédèrent en cette contrée, ainsi qu'ils avaient procédé sur les côtes de Palestine et de Syrie.

Les mots *vicus* et *ruga* (ils sont synonymes) désignent moins une rue que l'ensemble des constructions occupées par les gens d'une même communauté. *Plathea* s'applique plutôt aux terrains à bâtir. Chaque communauté possède d'ordinaire l'un et l'autre. Dans la *ruga* s'élèvent les principaux édifices, les uns destinés à l'usage des particuliers, les autres à l'usage commun de la colonie. Parmi les premiers, les maisons d'habitation, les *banchi di cambio*, les magasins et les boutiques qui, tantôt, appartiennent

gasins pour les marchandises et un sanctuaire pour les dieux nationaux.

Nous avons vu plus haut que le local attribué à Délos aux Poseidoniastes de Beyrouth présentait ce triple caractère : il y avait là une disposition commune à toutes les « stations » et générale, parce qu'elle répondait à une nécessité également générale.

Ainsi arrivèrent et s'implantèrent sur le sol de la Campanie tous les dieux de l'Orient : le Baal de Tyr; le Baal d'Héliopolis, autour

aux marchands eux-mêmes, tantôt, au contraire, à des propriétaires du pays qui les louaient à des étrangers ; parmi les seconds l'entrepôt (*fondaco*), les bains, le four, l'église, centre religieux de la communauté, et la loge (*loggia*), qui en est le centre politique. Les marchands ne négligent jamais, en effet, de se placer sous la protection du patron de leur pays. A Naples, les Génois habitent autour de l'église Saint-Georges ; les Florentins, près de Saint-Jean-Baptiste ; les Français dans le voisinage de Saint-Éloi. Des chapelains entretenus par la colonie desservent les églises. Quant à la loge, elle est l'édifice civil le plus important du quartier. A Naples, au début du XIVe siècle, nous en trouvons une pour chacun des groupes étrangers, Marseillais, Génois, Pisans, Catalans, Florentins, établis dans la ville........ La loge était pour les marchands un lieu de réunion où ils venaient discuter leurs intérêts, une espèce de Bourse et, en même temps, de maison commune où se conservaient les documents relatifs à la nation. Le consul y tenait, sans doute, son tribunal. Parfois aussi, des constructions destinées à être louées, magasins ou logements habitables, s'élevaient à l'intérieur ou dans le voisinage.

duquel se groupèrent, avec les Héliopolitains, les gens de Beyrouth et ceux de Germella, ville encore inconnue de la Syrie; le Baal de Sarepta, dont un fils du pays apporta avec lui une image en l'an 79 de notre ère; celui de Damas; le dieu des Arabes, Dusarès, mentionné sur une dédicace araméenne de 11 après J.-C.; celui des Nabatéens, auquel un personnage du nom de Banhobal avait construit en 39 avant J.-C. une mahramta (= sanctuaire), que trois de ses compatriotes, Ali, Mactaï et Saïdu réparèrent sous le règne d'Auguste; la *dea Syria;* et aussi la Tanit carthaginoise, en l'honneur de qui des dévots consacrèrent, en son sanctuaire, toute une série de bijoux et d'offrandes précieuses. Il ne faut pas oublier non plus la colonie juive de Pouzzoles, fille peut-être de celle d'Alexandrie; elle était déjà importante au début de l'Empire et riche : on sait que saint Paul, en débarquant à Pouzzoles, au milieu du Ier siècle de notre ère, y trouva une communauté chrétienne qui était l'œuvre de Juifs locaux. On ne se trompera assurément point en pensant que, là encore, le commerce avait préparé le terrain à la religion.

Toutefois, il était très surprenant que Rome, devenue ce qu'elle était à la fin de la République, se contentât d'un port situé à près de 200 kilomètres et avec lequel il n'y avait de communication facile que par terre. L'extension que prit la capitale au début de l'Empire rendit la situation plus fausse encore. Il fallait, de toute nécessité, trouver un remède à cet inconvénient. Claude l'apporta en aménageant le port d'Ostie. Dès lors, les vaisseaux de fort tonnage purent arriver jusqu'à l'entrée du Tibre, sans craindre d'être démontés par la tempête ou ensablés dans les atterrissements du fleuve. A Ostie, les marchandises étaient transbordées sur des chalands qui remontaient le canal et arrivaient à quai jusque dans l'intérieur de la ville. C'est là que nous allons retrouver les marchands étrangers et leurs dieux.

***

L'emplacement de l'emporium de Rome est aujourd'hui bien connu; il était situé dans la partie méridionale de la ville, le long du fleuve, entre celui-ci et l'Aventin. Naturellement, il ne datait pas de l'époque impériale et de la création d'un port artificiel à Ostie; il s'est singulièrement développé à ce moment et dans les siècles suivants; mais son existence est aussi ancienne que celle de la ville. Dès le début de l'histoire romaine, il s'était établi, tout naturellement, malgré l'insécurité du rivage maritime, malgré l'irrégularité du cours du fleuve, tantôt grossi par

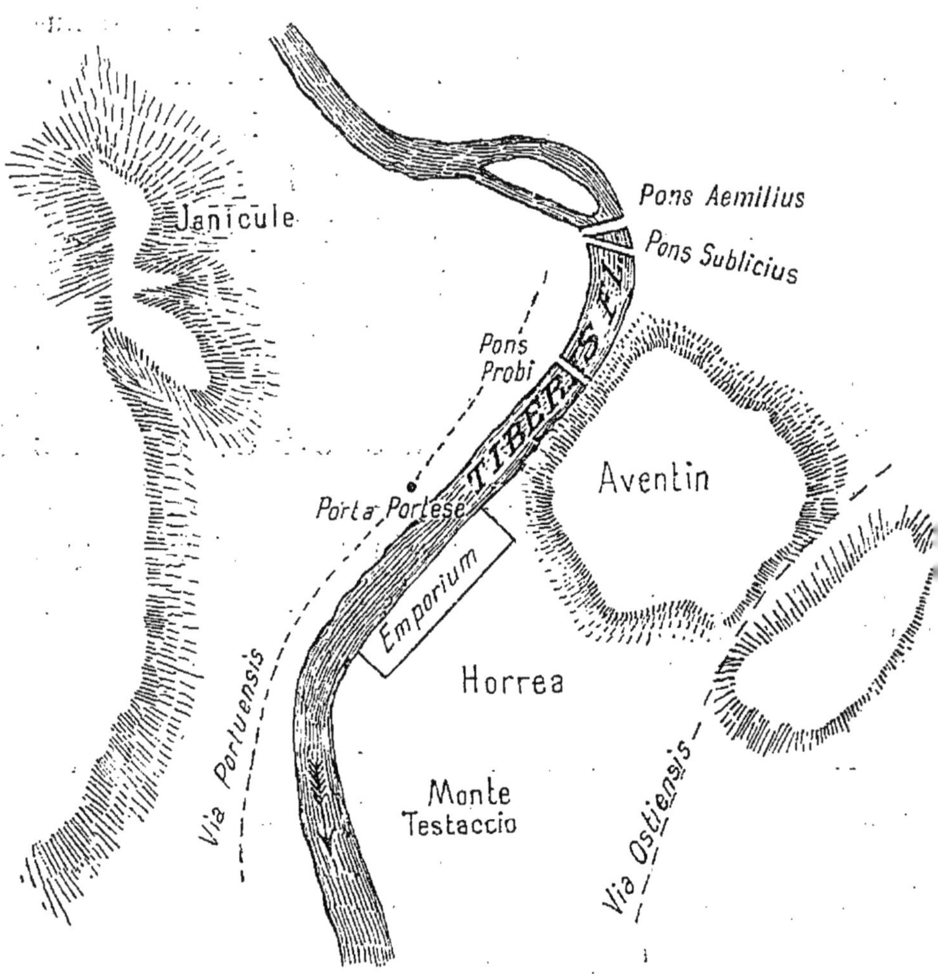

les pluies d'hiver, tantôt desséché par les chaleurs de l'été. Peu à peu, à mesure que le commerce de Rome avec les pays d'outre-mer se faisait plus actif, on y avait pratiqué des travaux d'agrandissement ou d'aménagement : en 193 avant J.-C., les censeurs, M. Aemilius Lepidus et L. Aemilius Paulus avaient bâti des quais pour faciliter le débarquement; en 174, d'autres censeurs, Q. Fulvius Flaccus et A. Postumius Albinus avaient fait paver le sol de ces quais et construire des escaliers d'accès. En même temps on multipliait les magasins, les entrepôts; on élevait des portiques pour abriter les hommes et les marchandises. Il fallait bien rendre abordable un endroit où venait aboutir tout ce qui était destiné à alimenter et à embellir la capitale, les grains, l'huile, le vin; les matériaux de construction, les pierres, les bois, les marbres précieux. On a, à plusieurs reprises, découvert des restes importants de cet emporium de Rome. La fouille la plus célèbre est celle de 1868-1870, où Visconti rencontra en particulier, un grand quai de débarquement, des murs perpendiculaires au cours du Tibre et terminés à leur extrémité par des têtes de lion percées de trous auxquels on amarrait les navires, des restes de magasins et surtout une immense quantité de blocs de marbre, provenant des carrières impériales et qu'on avait déposés sur la rive, où le limon les avait recouverts. Il est à peine besoin de rappeler que c'est dans le voisinage immédiat de ce port que s'élève le monte Testaccio, entièrement formé de tessons de poteries brisées, entassées à cet endroit par les portefaix et les commerçants. Les alentours, entre le monte Testaccio, le bord du Tibre et la Via Ostiensis étaient couverts de docks; les plus célèbres étaient ceux que l'empereur Galba avait fait élever et qui portaient son nom.

Tous ceux qui vivaient de l'emporium et des denrées qui y affluaient, tous les employés des maisons de commerce qui y avaient leurs bureaux s'étaient naturellement fixés dans les environs. A l'époque républicaine, ils avaient envahi de la sorte l'Aventin, où l'on signale, ainsi qu'il a été dit plus haut, un collège de *Mercatores* ou *Mercuriales*, et où les marchands de blé avaient apporté de Campanie ou de Sicile, avec le culte d'Hermès, celui de Demeter, de Dionysos et de Koré, protecteurs des moissons et de la vigne; à l'époque impériale, il leur eût été difficile de s'établir sur la rive gauche du Tibre, embarrassée alors par des constructions publiques de toute nature et déjà très peuplée : ils occupèrent donc surtout la rive opposée et la plaine qui s'étend vers le Janicule. A la vérité, il n'y avait pas de pont qui permît de communiquer aisément de là avec l'emporium — il fallait remonter jusqu'au Forum Boarium pour trouver le Pons Sublicius et le Pons Aemilius; ce n'est qu'à l'époque de Probus qu'on rejoignit directement l'Aventin avec le quartier qui lui faisait face — mais des barques ne suffisaient-elles point à assurer le passage et à établir les relations?

Depuis longtemps on a trouvé au Transtévère de nombreuses inscriptions relatives à des corporations professionnelles, marchands de cuirs, ivoiriers, ébénistes, et surtout de nombreuses dédicaces à des divinités étrangères. La plupart proviennent de la vigna Bonelli, près de la Porta Portese, plusieurs fois fouillée avec succès; il y est question d'un temple élevé à Belos par des Palmyréniens, d'un temple du Soleil, agrandi et embelli au début du IIe siècle par un nommé C. Julius Anicetus, d'un autre temple encore, dont on ignore le titulaire et qu'on décora de marbres précieux à la même époque. On a rencontré encore dans ces parages la mention de Belleparos, d'Aglibolos, de Iaribolos, d'Astarté, de Jupiter Sabazius, de Jupiter Dolichenus, de la dea Syria et d'un Silvain qui pourrait bien être un dieu oriental latinisé. Il n'est pas inutile de rappeler non plus que le Transtévère était un des quartiers habités par les Juifs, qu'ils y avaient une synagogue et qu'on a retrouvé un de leurs cimetières au Monte Verde, sur la voie de Porto; Bosio l'avait signalé depuis longtemps; on y a fait de nouvelles recherches en 1904.

Mais le sanctuaire oriental le plus important, en tout cas le mieux connu est celui que M. Gauckler vient d'explorer heureusement, au Janicule, sur l'emplacement de l'ancienne villa Sciarra[1].

En juillet 1906, en creusant les fondations d'une maison, on mit au jour des débris d'architecture et des inscriptions qui semblaient appartenir au même monument. L'une d'elles était gravée sur un autel de marbre blanc, orné de représentations diverses, aigles, masques de Jupiter Hammon, tête de Méduse. Au-dessous se lit une dédicace à Zeus Keraunios et aux nymphes *Forrinae*. Or, on avait trouvé jadis sur

1. Sur cette découverte, voir Gauckler, *Bullett. comun. di Roma*, 1907, p. 45 et suiv., et *Comptes rendus de l'Acad. des Inscr.*, 1908, p. 510 et suiv.; Hülsen, *Röm. Mittheil.*, 1907, p. 225 et suiv. Les fouilles continuées à cet endroit ont donné, depuis que ces lignes ont été écrites, de nouveaux résultats extrêmement intéressants, qui confirment les faits rappelés ici.

un ex-voto utilisé ultérieurement dans quelque construction voisine de la villa Sciarra une dédicace à Jupiter Héliopolitain et au génie des *Forrinae.* Dans les deux textes sont donc associées des divinités toutes différentes, les unes orientales, les autres purement romaines. M. Gauckler reconnut immédiatement en ces dernières une vieille déesse latine, la nymphe Furrina, dont la fête tombait le 25 juillet, jour des Furrinalia, et qui avait son prêtre spécial, le flamen Furrinalis. Quand on perdit la mémoire de ce qu'était autrefois cette déesse des vieux temps, on l'assimila à une Furie; puis on changea le singulier en pluriel et l'on parla couramment de nymphes *Forrinae*, comme sur les inscriptions que j'ai citées, ou de *Furiae*, comme dans les textes que je vais rappeler.

Cette Furrina avait un bois sacré et, dans ce bois, un sanctuaire. Tout portait à croire que, comme pour les autres nymphes de l'ancienne mythologie, ce sanctuaire devait être quelque grotte d'où s'écoulait une source bienfaisante. Les recherches de M. Gauckler ont, semble-t-il, transformé cette conjecture en une réalité. Il a, en effet, constaté, sous un puits d'une douzaine de mètres de profondeur, établi dans l'antiquité, la présence d'une vaste grotte, toute tapissée de stalactites ; ce dut être, aux yeux des premiers habitants du lieu, la retraite mystérieuse de la déesse.

Cette découverte de la grotte et du bois sacré de la nymphe Furrina est très intéressante pour l'histoire romaine ; car elle permet de situer un des événements tragiques qui marquèrent la fin de la République. On sait que Caius Gracchus, poursuivi par le consul Opimius, s'était retranché avec ses partisans dans le temple de Diane, sur l'Aventin. Vaincu et sur le point d'être fait prisonnier, il se réfugia d'abord dans le temple de Minerve, puis dans celui de la Lune. Contraint de nouveau à s'échapper, il sauta par une fenêtre et réussit à traverser le Tibre sur le pont Sublicius, où ses amis livrèrent un dernier combat pour protéger sa fuite. Il était parvenu, nous disent les auteurs, à gagner le bois sacré de Furrina, que Plutarque appelle le bois des Erynnies. Mais là, se sentant perdu, il se fit égorger par l'esclave qui l'accompagnait, afin de ne pas tomber vivant aux mains de ses adversaires. Il est donc possible aujourd'hui de marquer du doigt, pour ainsi dire, sur la carte le point où périt une des âmes les plus généreuses qui aient honoré la Rome antique.

Ces vieux souvenirs n'étaient point entièrement effacés à l'époque impériale; mais ils ne suffisaient pas, et pour cause, à la piété de ceux qui habitaient alors le Transtévère, de ces marchands, de ces mariniers venus de tous les points du monde vers l'emporium de l'Aventin; les cultes des vieux Romains les laissaient indifférents : il leur fallait avant tout leurs dieux nationaux, les seuls qu'ils reconnussent. Ils les établirent dans l'ancien domaine de Furrina. De là ces dédicaces que j'ai rappelées plus haut et où, à côté de la nymphe, *avant elle*, figurent le Zeus Keraunios de Chypre et le Jupiter d'Héliopolis; d'autres encore où M. Gauckler a lu les noms de Belos ou de Malagbelos, de Palmyre, d'Adad du Liban, de Jupiter Malek de Iabruda, et qui émanent de petites gens, affranchis, prêtres des divinités ou simples fidèles d'origine asiatique. Il est certain qu'au IIe et au IIIe siècle de notre ère, ce coin du Janicule formait, depuis longtemps peut-être, une cité sainte, où les dieux les plus fameux du panthéon oriental avaient trouvé asile.

L'une des chapelles qui s'y élevaient a été explorée récemment.

« C'est une *cella* quadrangulaire, terminée par une abside et précédée par un *pronaos*. En franchissant la porte d'entrée, on pénètre dans la chambre principale, qui est accessible aussi par deux ouvertures latérales. Les murs, partout conservés jusqu'à une hauteur de 3 m 35, sont en tuf grossièrement appareillé. Ils sont recouverts de stuc, ainsi que les huit petites niches ménagées à des intervalles réguliers dans la hauteur des parois.

» Aucune trace de pavement antique n'est apparent; mais un peu en avant du milieu de la *cella*, et dans l'axe central, s'élevait un autel triangulaire équilatéral dont le soubassement est bien conservé. Une rigole en fait le tour. Une large encoche demi-circulaire a été pratiquée dans la face antérieure de l'autel, disposition singulière que doit expliquer quelque observance rituelle. Une grille séparait, dans l'antiquité, la *cella* du fond de l'édifice, sorte d'abside trilobée ou de niche en four.

» Le piédestal de cette niche est couronné d'une élégante moulure de marbre, en arrière de laquelle on a étendu une épaisse couche de stuc;

qui réservait aux fouilleurs une intéressante trouvaille. En faisant sauter l'enduit, ils dégagèrent une logette carrée, déterminée par des briques posées de champ. Cette sorte de boîte, dont le fond était fait d'un lit de chaux, contenait un crâne brachycéphale, qui la remplissait tout entière. La boîte ne renfermait aucun autre ossement, ni monnaie, ni mobilier funéraire quelconque.

» Un peu en avant de la niche et à mi-hauteur de celle-ci, on découvrit un torse de marbre représentant une divinité masculine. Le dieu est assis, drapé dans un manteau qui enveloppe les jambes et laisse le torse nu. L'extrémité du manteau retombe sur l'épaule gauche. Le siège a été décoré avec soin; le sculpteur a multiplié les listels et traité amoureusement le détail des coussins. Le style et l'exécution indiquent l'époque des Antonins[1]. »

» Le vestibule du temple comporte deux petites chambres. Le seuil de l'entrée principale était formé d'une grande dalle de marbre portant une inscription qui a été ainsi réemployée à une basse époque.

1. Cf., pour tout ceci, *Comptes rendus de l'Acad. des Inscr.*, 1908, p. 521 et suiv.

Voici donc, maintenant, établie sans contestation possible, sur le Janicule, la présence d'un sanctuaire consacré aux dieux syriens. La similitude du fait avec ceux que nous avons constatés successivement à Délos et à Pouzzoles[1] est trop frappante pour qu'on puisse hésiter un instant. A Rome, comme ailleurs, ce fut l'œuvre de ce peuple de marchands attiré sur les bords du Tibre par les nécessités du commerce et établi aux environs de l'emporium avec tous ses usages et toutes ses croyances. Assurément, cette infiltration des religions étrangères ne se fit point en un jour; elle commença de bonne heure, avec les quelques faiseurs d'affaires qui se risquèrent les premiers à venir s'installer dans la capitale. A mesure que les relations de Rome et des pays d'outre-mer se développaient, elle devint plus intense; elle se fortifia de la présence de nombreux esclaves, amenés à la suite des guerres lointaines, qui firent corps tout naturellement avec les commerçants de même nationalité qu'eux; et, à l'époque impériale, du concours des soldats de la garde, recrutés dans les provinces, surtout dans les provinces orientales et, par là, adeptes naturels des cultes étrangers. A quelle époque chacune de ces divinités nouvelles fut-elle introduite à Rome, il est impossible de le savoir; vint-elle directement de son pays d'origine avec les premiers marchands qui fréquentèrent l'emporium? ou, ce qui est bien plus vraisemblable, fut-elle apportée, après une ou plusieurs escales, d'un port méditerranéen où elle s'était déjà implantée par le fait du commerce? Il est, évidemment, impossible de le dire. Ce que nous pouvons affirmer, c'est qu'au IIe et surtout au IIIe siècle de notre ère, ces dieux avaient droit de cité dans la Ville, qu'on leur avait consacré des sanctuaires et que ces sanctuaires s'élevaient précisément dans le quartier habité par les marchands. Leur situation suffirait, à elle seule, à indiquer nettement leur origine.

A ces divinités qui avaient ainsi envahi lentement le sol romain et dont les temples s'élevaient, même dans la capitale, à côté des anciens dieux du panthéon romain, annonçant la victoire future du Vatican sur le Capitole, il ne restait plus qu'à ambitionner une consécration officielle. Elle ne se fit pas attendre longtemps. Peu à peu, à l'époque impériale, chacune d'elles reçut, pour ainsi dire, le droit de cité.

L'Egypte l'obtint la première. Après une résistance énergique et prolongée, sous Caligula, le culte d'Isis fut autorisé par les pouvoirs publics. A peine Tibère mort, son successeur construisit dans le Champ de Mars, un grand temple à Isis Campensis, entre les *Saepta*, le *Minervium* et les termes d'Agrippa. On sait que ce sanctuaire se composait de propylées, ornés de deux tours pyramidales, avec une avenue flanquée d'obélisques, qui en formaient l'entrée. En arrière s'étendait une vaste cour à colonnades, dont l'axe était une grande allée, ornée de sphinx et de lions. Pour obtenir les matériaux nécessaires à la construction de la double chapelle d'Isis et de Sérapis, on avait démonté pierre par pierre, un ancien temple égyptien et on l'avait apporté des rives du Nil jusque sur celles du Tibre. L'ensemble de l'édifice est représenté sur un des fragments du plan de Rome, en marbre, parvenus jusqu'à nous.

Le successeur de Caligula, Claude, si épris pourtant des vieilles institutions nationales, accorda la même faveur au culte de Cybèle et d'Attis : désormais, les archigalles furent choisis parmi les citoyens romains et les fêtes du dieu phrygien furent solennellement et officiellement célébrées à Rome, du 15 au 27 mars de chaque année; elles figuraient dans le calendrier des Pontifes. M. Fr. Cumont admet que cette mesure fut le résultat de la précédente. « Les fêtes émouvantes d'Isis, ses processions imposantes assuraient au culte de la déesse un succès considérable. La concurrence dut être désastreuse pour les prêtres de la Magna Mater, relégués dans leur temple du Palatin, et le successeur de Caligula ne put faire moins que d'accorder à la déesse phrygienne, depuis si longtemps établie dans la cité, la faveur que venait d'obtenir l'Egyptienne admise tout récemment à Rome. Claude empêchait ainsi une prépondérance trop marquée de cette seconde étrangère en Italie et offrait un dérivatif au courant de la superstition populaire. »

Puis ce fut le tour de Mithra. Commode se fit recevoir au nombre de ses adeptes et prit part aux cérémonies secrètes de son culte; après lui, ses successeurs continuèrent leur protection aux cultes iraniens.

Quelques années plus tard, Elagabal, prêtre du Baal d'Emèse, faisait beaucoup mieux encore. A peine entré à Rome après sa victoire sur Macrin, il construisait à son dieu, sur le Palatin, tout auprès du palais impérial, un temple magnifique. La pierre sacrée qui personnifiait la divinité y fut solennellement installée; pour lui faire honneur, l'empereur rassembla autour d'elle les reliques les plus vénérées de Rome, la pierre de la mère des Dieux, apportée autrefois de Pessinonte, les boucliers des Saliens, le feu de Vesta, le Palladium auquel était attachée la fortune de l'Empire. Bientôt même il inventa d'unir son idole à une idole semblable. Pour rendre possible ce mariage de pierres, il fit venir sur le Palatin le bétyle qui symbolisait Tanit, la grande déesse de Carthage et présida en grande pompe aux noces des deux divinités. Chaque année, il célébrait avec un faste oriental la fête du nouveau maître de l'Olympe romain; on conduisait en procession la pierre d'Emèse à travers les rues de la capitale. A sa suite, on portait les statues de tous les dieux de Rome, transformés ainsi en serviteurs de celui d'Emèse. Il était difficile de subordonner plus étroitement la religion nationale à un culte étranger.

Cette apothéose, scandaleuse pour les Romains, que les auteurs ont peut-être exagérée, mais dont la réalité est certaine, prit fin avec celui qui l'avait imaginée; mais elle répondait bien aux aspirations de l'époque et à la popularité de plus en plus puissante des cultes orientaux. Aussi la tentative se renouvelle-t-elle avec Aurélien. S'inspirant de la même pensée, ce prince alla chercher à Palmyre vaincue une image de Belos, l'installa dans un sanctuaire somptueux et la confia à un collège de prêtres égalés aux pontifes de l'ancienne religion. Pour la seconde fois, Jupiter Capitolin était détrôné par une divinité sémite, et la vieille idolâtrie romaine remplacée par une autre idolâtrie, sortie des provinces syriennes. Le moment approchait où elle allait définitivement s'effondrer au profit d'une autre religion, née elle aussi dans le Levant, et issue de l'esprit mystique et exalté de l'Orient, celle qu'avait annoncée le Christ.

Ainsi, tous ces germes que les marchands avaient apportés avec eux dans la cale de leurs navires allaient se réunir et se confondre pour donner naissance à un arbre immense, capable d'abriter sous son ombre tous les peuples du monde antique.

LA GLYPTIQUE DE SUMER ET D'AKKAD

PAR

M. DELAPORTE

Au quatrième millénaire avant l'ère chrétienne le golfe Persique s'étendait beaucoup plus au nord qu'aujourd'hui et atteignait le trente-et-unième degré de latitude ; à cette époque le Chatt-el-Arab, formé par la réunion en un seul lit des eaux du Tigre et de l'Euphrate, n'existait point encore et les deux fleuves charriaient séparément ces alluvions qui se déposent régulièrement à leur embouchure et étendent encore chaque année la zone des terres suivant des lois dont M. de Morgan a trouvé la formule.

Les plaines du Bas-Euphrate étaient alors habitées par des populations agricoles et, aussi loin que nos connaissances historiques permettent de remonter, alors que déjà la civilisation était fort développée, on distingue deux éléments ethniques d'origine absolument différente. Au sud, les Sumériens, non Sémites, tirent leur nom de SUMER, expression par laquelle les textes cunéiformes désignent la région où ils étaient établis; au nord, les Akkadiens, d'origine sémitique, ainsi appelés du nom d'AKKAD (ou Agadé), leur première capitale, qui est aussi celui de toute la contrée.

Au point de vue politique ces deux régions étaient, en fait, divisées en cités entourées chacune d'un territoire plus ou moins vaste, atteignant souvent la superficie d'un arrondissement français. A la tête de la cité, un chef, parfois indépendant, parfois tributaire du chef d'une autre cité. De là, des conflits perpétuels : le prince qui avait conquis l'hégémonie cherchait à étendre et à fortifier sa domination ; celui qui était sous le joug songeait à le secouer par ses propres forces ou par des alliances avec d'autres vaincus.

En Sumer, au bord du golfe, s'élevait Eridu,

la ville sainte d'Ea, le seigneur de l'abîme, le dieu ami de l'humanité. Plus au nord, Ur, célèbre par son temple de Sin, le dieu-lune ; sur la rive gauche de l'Euphrate, Larsa, centre du culte de Šamaš, le dieu-soleil, et Uruk, siège de la royauté du légendaire Gilgameš ; plus à l'est, Sirpurla et sa rivale Gišhu. En Akkad, Agadé, la première capitale ; Babylone, qui conquerra la suprématie au début du deuxième millénaire et fondera le premier grand empire sémitique ; Kiš, que gouvernaient des rois aux temps historiques les plus anciens ; Sippar, où l'on vénérait Šamaš, et, vers l'est, Cutha où s'élevait le temple de Nergal, le dieu de la destruction.

*
* *

Le plus ancien souverain dont le nom nous soit parvenu s'appelle Me-silim. Il régna à Kiš et exerça une certaine suzeraineté sur quelques cités de Sumer. A tout le moins intervint-il comme arbitre dans un traité de paix entre les gens de Sirpurla et ceux de Gišhu. On sait aussi qu'il voua au dieu de Girsu, — l'une des localités de Sirpurla, — une masse d'armes actuellement conservée au Musée du Louvre.

Peu après, à Sirpurla même, Ur-Nina fonde

une dynastie dont nous connaissons au moins les six premiers princes. Ensuite l'on trouve les noms de trois autres gouverneurs antérieurs au roi Urukagina. Le dernier d'entre eux, Lugalanda, est de toute cette période le personnage le plus important au point de vue de la glyptique : parmi les rois ou patési de cette époque, dont on possède les sceaux, il est le seul dont on puisse déterminer la situation dans la chronologie. M. de Genouillac vient de se livrer à l'étude des documents contemporains. Il estime que ce patési fut très probablement détrôné par Urukagina, prince réformateur qui semble avoir secoué le joug de Kiš et supprimé les abus dont avait souffert Sirpurla sur les derniers de ses prédécesseurs. La paix devait être éphémère. En l'an sept de son règne, une guerre éclate avec l'ennemi héréditaire : Lugalzaggisi, patési de Gišhu, met à feu et à sang les temples des dieux et les monuments civils, ravit l'argent et les pierres précieuses. Sa suzeraineté s'étend bientôt sur les autres villes du Bas-Euphrate : Ur, Larsa, Uruk, Nippur... tombent en sa puissance. Il se donne le titre de roi du *Pays*, c'est-à-dire de Sumer et se vante d'avoir tout conquis, avec l'aide du dieu Enlil, de l'orient au couchant, de la mer inférieure (le golfe Persique) à travers les contrées du Tigre et de l'Euphrate, jusqu'à la mer supérieure.

Akkad n'entre guère dans l'histoire avant les règnes de Šar-Gani-šar-ali et de Naram-Sin. On admettait jadis, d'après un texte du roi néo-babylonien Nabonide, que ces princes avaient vécu au trente-huitième siècle avant l'ère chrétienne; aujourd'hui on s'accorde généralement à placer leur dynastie vers le vingt-huitième siècle. C'est le temps où la glyptique atteint son apogée et produit les œuvres les plus variées.

Plus tard, des princes s'attribuent le titre de rois de Sumer et d'Akkad et exercent la souveraineté sur les peuples voisins. Ce sont, pendant cent dix-sept ans, les cinq rois d'Ur : Ur-engur, Dungi, Bur-Sin, Gimil-Sin et Ibi-Sin. C'est ensuite, pendant deux cent vingt-cinq ans et demi, la dynastie d'Isin, avec seize rois parmi lesquels Libit-Ištar, Ur-Ninip et Bur-Sin. La décadence de la glyptique se manifeste alors par une moins grande variété des sujets et une exécution moins artistique.

Vers 2000, un roi de la première dynastie babylonienne, Hammurabi, étend son pouvoir et réunit sous son sceptre les anciennes cités du

Bas-Euphrate qui perdent définitivement leur liberté. Sumer et Akkad formeront désormais un seul empire soumis aux destinées de sa capitale, Babylone.

*
* *

Région d'alluvions, la plaine qui s'étend entre le Tigre et l'Euphrate ne mettait guère à la disposition de ses habitants d'autres matériaux que l'argile et les plantes. Là comme partout, l'homme dut tirer parti des ressources que la nature lui procurait. Pour bâtir sa demeure, il fabriqua des briques et les fit sécher au soleil; plus tard il apprit à les cuire au feu. Après dessiccation, la terre glaise conservait les empreintes reçues. On s'en servit alors pour un autre usage; on en fit de petites tablettes sur lesquelles on écrivait comme sur des tablettes de cire. Voulait-on donner à un acte le caractère d'authenticité qu'il revêt chez nous quand il est fait par-devant notaire, les parties se rendaient en présence du scribe : une minute était rédigée, dont copie était délivrée à chacun des contractants ou à celui-là seul en faveur de qui était fait l'acte. Le document authentique, celui qui devait faire foi en cas de contestation, était enfermé dans une enveloppe de terre glaise sur laquelle on reproduisait, plus ou moins fidèlement, le texte des conventions et la liste des témoins. Dans les espaces disposés à cet effet, soit même sur toute l'enveloppe, on avait roulé un ou plusieurs sceaux formés de pierres cylindriques, ornées sur la partie convexe de figures en creux. D'autres fois les empreintes étaient faites sur un petit cône en terre dans lequel on passait un brin de roseau dont l'extrémité était fixée à la tablette par un peu de terre humide, et le cône se trouvait suspendu à la tablette à peu près comme au moyen âge les bulles aux chartes. S'élevait-il plus tard une contestation, les juges se faisaient apporter le contrat, déposé dans un temple ou dans un autre lieu public ; on vérifiait l'état de l'enveloppe ; après l'avoir trouvée intacte, on la brisait ; la teneur de l'acte original permettait de trancher le différend. Le cylindre servait encore de cachet pour assurer l'inviolabilité des envois faits d'une ville à l'autre ou des documents conservés dans les archives publiques ou privées. On le roulait sur des mottes d'argile que l'on employait comme nous employons aujourd'hui la cire à cacheter. C'est à cet usage que nous devons de connaitre les sceaux du patési Lugalanda.

C'était aussi une amulette. Comme plus tard les Grecs, comme aujourd'hui encore les habitants de la Mésopotamie, les Suméro-akkadiens, gens fort superstitieux et attachés aux pratiques de la magie, devaient attribuer une vertu à telle ou telle pierre; de plus, pour les sujets gravés sur leurs cylindres, la préférence a presque toujours été accordée aux scènes religieuses et mythologiques; les inscriptions, qui souvent les accompagnent, ont en général aussi un caractère religieux. N'a-t-on pas d'ailleurs trouvé des cylindres sous le pavé des portes et même dans la maçonnerie des fours?

*
* *

A mesure que se développe notre connaissance de l'histoire de ces peuples, il nous est plus facile de classer d'une façon certaine les monuments de la glyptique. Quelques pierres portent en elles-mêmes la précieuse indication de l'époque à laquelle elles furent gravées; ce sont celles dont l'inscription contient le nom d'un prince, roi ou patési; on les appelle cylindres royaux : M. Fr. Thureau-Dangin en cite une cinquantaine dans son importante Collection des *Inscriptions de Sumer et d'Akkad*. D'autres ont été roulées sur des tablettes datées; les sujets dont on relève ainsi les empreintes sont contemporains des documents ou leur sont antérieurs. La classification des personnages et des emblèmes permet de déterminer un certain nombre de données essentielles et de détails caractéristiques de chaque période et de chaque genre; par comparaison, de fixer, exactement ou approximativement, à quelle époque fut gravée telle ou telle intaille.

L'étude méthodique et approfondie de la glyptique orientale fut entreprise, il y a une trentaine d'années, par Joachim Menant. Dans un ouvrage sur *Les Pierres gravées de la Haute-Asie*, dont le premier volume parut en 1883, il classe les cylindres par régions et par écoles et accompagne son texte de dessins soigneusement exécutés par une artiste dont les initiales trahissent deux ou trois fois l'anonymat : j'ai nommé le conférencier qui vous charme par ses considérations sur la religion des Parsis : Mademoiselle Menant.

Pour mener à bien son travail, Joachim Menant voyagea en divers pays et réunit à grands frais les moulages des principales intailles. Grâce à sa libéralité, le Musée Guimet possède cette précieuse collection : elle est renfermée dans deux vitrines, au second étage, parmi les antiquités de l'Asie antérieure.

Avec la collaboration de J. Menant, le comte de Clercq publia, de 1884 à 1888, le Catalogue de sa propre collection, comportant plus de quatre cent quarante cylindres.

Depuis cette époque, l'Américain Hayes Ward et d'autres se livrent à des recherches sur des séries particulières, discutent les théories de Menant, présentent de nouvelles hypothèses, cherchent à pénétrer plus intimement dans la compréhension des sujets. En France, M. Léon Heuzey examine méthodiquement les objets provenant des fouilles de Telloh, l'antique Sirpurla. Il détermine, d'une façon indiscutable, tantôt la nature des coiffures ou des vêtements des personnages, tantôt l'origine et la signification des symboles et des emblèmes. Il rectifie les opinions de ses devanciers et fixe des bases certaines pour les travaux ultérieurs.

*
* *

C'est au Colonel Allotte de la Fuye et au savant russe Likhatcheff que nous devons de connaître trois sceaux de Lugalanda, patési de Sirpurla, ceux de sa femme Barnamtarra et de ses contemporains Gal et En-ig-gal.

Les sujets sont tous empruntés à un même mythe; on y voit figurer Gilgameš, Ea-bani, le personnage aux cheveux hérissés, le taureau à face humaine, l'aigle léontocéphale, le lion, le taureau, le cerf, le bouquetin...

Gilgameš, roi plus ou moins légendaire d'Uruk, est le héros de l'épopée fameuse dans laquelle se trouve le récit babylonien du Déluge. Sur les monuments figurés, c'est un homme aux cheveux soigneusement divisés sur le sommet de la tête, encadrant la figure et la barbe et, de chaque côté, formant au temps de Lugalanda trois ou quatre torsades qui bientôt se transforment en trois boucles. Les intailles anciennes le représentent complètement nu, mais dès l'époque de la domination d'Agadé il porte une ceinture à trois rayures dont l'extrémité pend le long de la jambe.

Ea-bani, son compagnon, est un être fantastique, ithyphallique, formé d'une croupe de taureau et d'un buste humain. Il est barbu et ses cheveux sont tressés comme ceux d'une femme; il a des oreilles de taureau et des cornes auxquelles se substitue parfois la tiare, insigne des dieux et des êtres divinisés.

Le taureau à face humaine se distingue très facilement d'Ea-bani. De l'animal il a le corps, les membres, les oreilles et les cornes ; de l'homme, seulement une figure barbue encadrée de boucles ou de torsades de cheveux.

L'aigle léontocéphale est d'ordinaire représenté agrippant deux animaux qui s'efforcent de le mordre aux ailes.

Sur le premier sceau de Lugalanda, le sujet

Fig. 1.
Sceau de Lugalanda, patési de Sirpurla.
Collection Allotte de la Fuye.

principal comporte deux lions dressés et croisés. L'un deux saisit Ea-bani et le mord au cou. Le monstre retourne tranquillement la tête ; de la main droite il tient par la queue l'autre lion qui est en lutte avec un taureau à face humaine.

Les sujets secondaires sont disposés au-dessous d'une ligne horizontale. Ils forment deux groupes. Dans l'un, deux taureaux à face humaine dressés et croisés; Gilgameš en saisit un par une patte et par l'oreille. Dans l'autre, un personnage à cheveux hérissés formant quatre ou cinq mèches, le front ceint d'un bandeau, est aux prises avec un cerf dressé près de lui.

Au-dessus de la ligne horizontale, la légende porte ces mots : Lugal-an-da-nu-šu-ga pa-te-si sir-la-bur (ki).

A gauche de cette légende, les armoiries de Sirpurla : l'aigle léontocéphale aux ailes éployés agrippant deux lions de profil qui retournent la tête pour saisir l'aile de l'oiseau.

A la même période il convient de rapporter un cylindre royal en marbre vert que possède le Cabinet des Médailles de La Haye[1]. Comme sur le premier sceau de Lugalanda on y trouve Ea-bani, le corps à droite, la tête retournée en arrière,

1. J. Menant, *Les Pierres gravées de la Haute-Asie. Recherches sur la glyptique orientale*, t. I, fig. 31.

la corne de profil ; mais la figure est plus humaine, l'oreille plus détachée ; le monstre semble porter une ceinture. On le dirait surpris par un lion, dressé en face de lui, qui le saisit à la gorge. De la main gauche il étreint la patte de l'animal et de la main droite tient par l'extrémité du manche une herminette dont il ne fait point usage.

Dans un autre groupe, le monstre est en lutte avec un taureau dressé qu'il maintient serré par un lien. Ici le buste est de face et la figure ressemble à celle des autres personnages représentés sur l'intaille. Le nez est moins proéminent que sur le sceau de Lugalanda et la bouche aux lèvres épaisses imprime à l'ensemble de la physionomie un air plus naturel.

Le sujet comporte un troisième groupe principal. Un taureau à face humaine est aux prises avec Gilgameš qui le tient serré par un lien. Le personnage aux cheveux hérissés, debout derrière le monstre, le saisit de la main gauche par l'oreille et de la main droite tient une arme à double courbure.

L'inscription, en partie effacée, donne la fin du nom d'un patési. Au-dessous, dans une scène secondaire, l'aigle léontocéphale, entre deux lions dressés, la tête de face, qui mordent ses ailes éployées.

Les graveurs de ces temps reculés ne s'intéressaient pas exclusivement aux représentations des mythes de Gilgameš. De très anciens cylindres, la plupart en calcaire ou en marbre, portent des animaux dressés et croisés de diverses manières. Sur une intaille de la Bibliothèque nationale publiée par J. Menant[1], sept animaux dressés sont disposés suivant une symétrie intentionnelle. Au milieu, un quadrupède au corps tacheté, de profil à gauche en avant d'un taureau, pose ses pattes antérieures sur le dos d'un autre taureau qui retourne la tête vers lui. Les deux bovidés sont mordus au cou par deux lions croisés avec des gazelles qui broutent les branches d'un même arbre. Il ne faut pas oublier, en effet, que si l'empreinte du sceau a des limites, le cylindre lui-même n'en a pas ; pour comprendre la scène, il est parfois nécessaire de tenir compte de ce fait. Nous constaterons ici l'emploi de la bouterolle, soit par les taches qui marquent le corps de l'un des quadrupèdes, soit dans la repré-

1. J. Menant, *op. cit.*, t. I, fig. 20.

sentation de l'arbre, soit encore aux jointures des pattes des animaux.

Le même souci de symétrie se reconnaît sur cet autre cylindre qui appartient au Musée

Fig. 2.
Musée Guimet.

Guimet. Deux lions croisés attaquent chacun un quadrupède dressé de profil, la tête retournée en arrière. A gauche, c'est un bouquetin; à droite, un cerf qu'un personnage nu, aux cheveux courts, saisit de la main gauche par la queue et de la main droite par le cou. Entre les lions, une ligne légèrement courbe représente peut-être un croissant, symbole de Sin, le dieu-lune. Sur le développement de l'intaille la symétrie n'est pas évidente ; pour la reconnaître, il suffit d'imaginer que le personnage est en réalité opposé aux lions.

Un autre sujet fréquemment traité à cette période présente un personnage debout entre deux gazelles dressées vers lui, la tête retournée vers des lions qui les attaquent. Tantôt ce personnage est de face et de ses bras étendus tient les deux animaux serrés contre lui ; tantôt, sur un cylindre de la collection de Luynes[1] par exemple, il est de profil et tient une des gazelles par la patte. Ici, le corps serré dans une ceinture, il est barbu et ses cheveux, un peu longs, tombent en masse derrière la nuque. Il est aussi coiffé d'une tiare treillissée en forme de corbeille, plus distincte sur d'autres monuments. Derrière les lions, s'élevant sur toute la hauteur du cylindre, un emblème formé d'une tige surmontée d'une étoile et terminée à la partie inférieure par une sorte de losange. Ce symbole se rencontre fréquemment avec des sujets analogues et dans les scènes empruntées au mythe du dieu aux ailes de flammes.

On le retrouve, un peu différemment traité,

1. J. Menant, *op. cit.*, t. I, fig. 23.

ainsi que le personnage coiffé de la tiare treillissée, sur une intaille de la Bibliothèque na-

Fig. 3
Bibliothèque nationale.

tionale. En deux scènes parfaitement symétriques, le personnage, vêtu d'un châle frangé, enroulé autour de ses reins, saisit par une des pattes antérieures et par une corne, un taureau à face humaine dressé en face de lui, la tête retournée en arrière. Au milieu du champ, entre les deux taureaux, une sorte de lézard passant vers le haut.

Voici maintenant une scène religieuse. Sur un cylindre du Musée Guimet, un dieu et une déesse, reconnaissable à ses longs cheveux tressés, sont assis en face l'un de l'autre. Ils sont vêtus d'une longue robe unie et coiffés de la tiare à cornes, sorte de bonnet auquel étaient fixées, sur les côtés, deux cornes dont les pointes se réunissaient en avant ainsi que M. Léon Heuzey l'a constaté sur de grands monuments. En

Fig. 4.
Musée Guimet.

glyptique, on a représenté les deux cornes d'une façon purement conventionnelle, se profilant l'une à droite et l'autre à gauche.

Entre les deux divinités, un personnage, vêtu comme elles, fait de chaque main une libation sur des autels disposés près de lui. Du côté du dieu, l'autel a deux gradins, comme par exemple sur la stèle de Gudéa découverte à Telloh par le Commandant Cros pendant l'hiver de 1904-1905.

Dans le champ, en haut, près du dieu, une étoile à huit branches représentant la planète

Vénus emblème de la déesse Ištar; près de la déesse, le croissant, symbole de Sin, le dieu-lune.

*
* *

L'époque de la domination d'Agadé, qui correspond à l'apogée du développement de la glyptique dans la Basse-Mésopotamie, vit se développer une série de scènes simples dans lesquelles Gilgameš et Ea-bani luttent chacun avec un animal, lion ou taureau. Sur le sceau de Ibni-šarru, scribe de Šar-Gani Šar-ali, que possède la Collection de Clercq[1], le héros abreuve le taureau au vase jaillissant; sur des tablettes et des bulles de Telloh datées du patésiat de Lugal-ušumgal, contemporain de Šar-Gani-šar-ali et de Naram-sin, il combat le taureau tandis que son compagnon se mesure avec le lion.

Telle est la scène gravée sur un cylindre de la Bibliothèque nationale : Gilgameš, le corps serré dans une ceinture, saisit par la patte et par la corne un taureau dressé en face de lui, dont il rejette violemment la tête en arrière. Symétriquement, Ea-bani saisit par une patte et

1. J. Menant, *op. cit.*, t. I, fig. 34.

par la gorge un lion rugissant qui de la patte libre lui serre le bras gauche. Entre les deux groupes, d'un côté, un serpent dressé; de

FIG. 5.
Bibliothèque nationale.

l'autre, un cartouche dans lequel est inscrit le nom du possesseur. Près du taureau, dans le champ, un scorpion; près du lion, un aigle aux ailes éployées.

Un autre cylindre de cette époque, conservé au Musée Britannique, porte deux sujets empruntés au même cycle. Gilgameš, le corps serré dans une ceinture à trois rayures dont l'extrémité pend le long de sa jambe, saisit par une patte et par la gorge un taureau dressé en face de lui, que le monstre Ea-bani tient par une corne et par la queue. La seconde scène est analogue à celle du cylindre précédent, mais au lieu d'Ea-bani, c'est Gilgameš qui se mesure avec le lion. Sous le cartouche qui contenait le nom du possesseur, est couché un bouquetin.

Le cachet même de Lugal-ušumgal, patési de Sirpurla, présente un sujet emprunté à un autre mythe : celui du dieu aux ailes de flammes. M. Léon Heuzey a établi que, dans la plupart des cas, ce dieu n'est autre que le dieu-soleil Šamaš; les découvertes de la Délégation en Perse ont prouvé le bien-fondé de ces inductions : au sommet du fameux Code de Hammurabi, déchiffré par mon illustre maître le P. Scheil, un bas-relief représente Šamaš avec des ailes de flammes, dictant au roi babylonien le texte de ses lois.

Il est souvent représenté dans sa course journalière, depuis son lever jusqu'à son coucher. Sur plusieurs cylindres, il est debout, vêtu d'un châle à rayures verticales, tenant de la main droite une palme et posant le pied sur la montagne de l'Orient. A droite et à gauche, deux divinités tiennent ouverts les battants des portes de l'Orient que le dieu se prépare à franchir. Sur une intaille du Musée Guimet, ces divinités sont, comme le dieu, vêtues d'un

Fig. 6.
Musée Guimet.

châle à rayures verticales serré par une ceinture et coiffées de la tiare multicorne. La scène est complétée par un arbre, peut-être l'arbre de vie planté, dit la légende, à l'orient, près des portes du ciel.

D'autres scènes qui ne se rapportent peut-être pas au mythe de Šamaš représentent un dieu aux ailes de flammes en lutte avec d'autres divinités. La Bibliothèque nationale possède un sceau fort intéressant qui comporte deux sujets principaux dans chacun desquels ce dieu joue un rôle important. Le voici, les cheveux serrés en un double chignon, coiffé d'une tiare multicorne, vêtu d'un long châle à rayures verticales. De la main gauche il saisit par la barbe, qu'il tire en haut, un personnage divin dont il transperce le cou avec un poignard. Pour marquer toute la violence du mouvement, le graveur a représenté

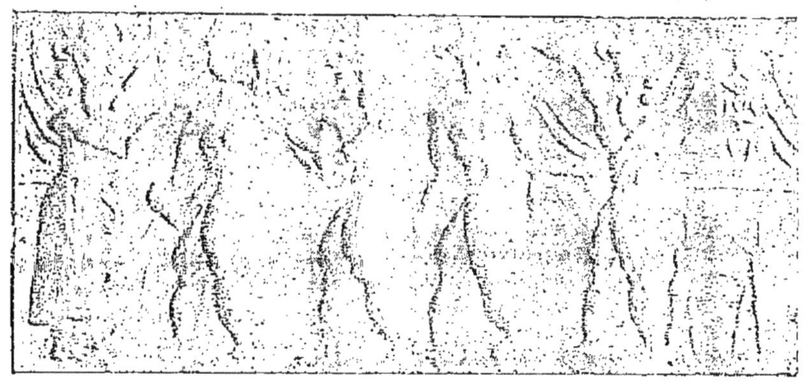

Fig. 7.
Bibliothèque nationale.

la tête absolument perpendiculaire au corps. Ce personnage est nu, le corps serré dans une ceinture et coiffé de la tiare multicorne; ses cheveux longs tombent naturellement et sont saisis par un personnage également nu, coiffé de la tiare multicorne, qui retourne la tête en arrière. Lui-même étend ses deux mains abaissées et semble avoir lâché une masse d'armes à manche anguleux que l'on aperçoit devant lui dans le champ.

Dans une seconde scène, un dieu nu, coiffé de la tiare multicorne, les cheveux serrés en un double chignon, est entouré de flammes qui s'élèvent de ses bras et de ses jambes. Il saisit par le bras gauche et par une corne de la tiare un monstre placé devant lui : homme nu, dont les mains et les pieds sont remplacés par des griffes de lion et la bouche par une gueule de lion dans laquelle vient se perdre l'extrémité du nez.

Dans un autre mythe de la même époque, connu par une dizaine de monuments, figure un personnage formé d'un buste humain barbu et d'un corps d'oiseau. Menant estimait que le graveur avait voulu représenter quelque scène de la légende du dieu Zu, qui, pour avoir volé au dieu Enlil les tablettes du destin, fut changé en oiseau. Tel n'est pas l'avis d'autres orientalistes : ils croient que cet être fantastique à corps d'oiseau, c'est plutôt l'âme désincarnée que des dieux amènent devant le juge du monde souterrain. Quoi qu'il en soit, le voici par exemple entre deux personnages barbus, coiffés de la tiare et vêtus de châles à rayures verticales, devant un dieu assis sur un siège cubique, à petit dossier, posé sur une estrade. Ce dieu est vêtu de l'étoffe précieuse connue par les Grecs sous le nom de kaunakès : elle était formée de floches de laine régulièrement étagées dans la trame et

Fig. 8.
Bibliothèque nationale.

avait l'apparence d'une toison. Sur les cylindres elle est représentée conventionnellement par des bandes horizontales striées de traits verticaux rectilinéaires ou ondulés. Le dieu est caractérisé par deux flots qui s'élèvent au-dessus de ses épaules et retombent jusqu'à terre. Sur d'autres cylindres ces flots sont accompagnés de poissons. Le croissant, un arbre et une courte inscription complètent le sujet.

Un sceau royal, portant le nom de Naram-Sin, présente une scène dans laquelle une divinité de l'agriculture reçoit les hommages d'un personnage. Sur un cylindre de la Collection de Luynes, à la Bibliothèque nationale, voici une déesse, aux longs cheveux tressés, coiffée de la tiare multicorne et vêtue de kaunakès. Assise sur un tas de grains ou de roseaux, elle tient dans sa main un double rameau. En face d'elle trois personnages barbus, les cheveux relevés en chignon, coiffés de la tiare multicorne et vêtus de châles à rayures verticales. Le premier étend les deux mains horizontalement et présente un objet plat; le second élève la main gauche et porte la main droite à la ceinture; le troisième, tout entouré de tiges semblables à celles que tient la déesse, étend les mains comme le premier, mais présente un objet plus volumineux, peut-être une coupe.

À cette époque, la tiare est encore représentée conventionnellement, une corne se profilant à droite et l'autre à gauche; la tiare multicorne, formée de trois ou quatre rangs de cornes, est gravée suivant les mêmes principes : les cornes sont disposées l'une au-dessus de l'autre et leurs pointes s'éloignent de la coiffe au lieu de se réunir sur une seule ligne. Il n'en est pas de même à la période suivante, sous la domination des rois d'Ur : la tiare multicorne sera gravée telle qu'elle se comporte, mais toujours les pointes seront visibles ; que le personnage soit de profil, ou de face, la coiffure sera traitée de la même manière. Une autre innovation, de grande importance, ce sera l'usage du turban, coiffure du patési Gudéa sur sa stèle et plus tard du roi babylonien Hammurabi dans le bas-relief du Code.

*
* *

Le siècle des rois d'Ur est, actuellement, le temps pour lequel nous avons le plus grand nombre de cachets datés. Par malheur, la glyptique est déjà en décadence : l'artiste reproduit indéfiniment les mêmes sujets sans chercher à caractériser les dieux par des symboles différents.

La scène est presque toujours une présentation à une divinité, mais l'on distingue, comme l'a fait J. Menant, diverses cérémonies.

Dans la première, une divinité, d'ordinaire une déesse, conduit en le tenant par le poignet un personnage qu'elle introduit en présence d'un dieu assis. Telle est la scène dans sa plus grande simplicité ; nous la trouvons ainsi traitée sur un cylindre de la Bibliothèque nationale. Le dieu, vêtu de kaunakès et coiffé de la tiare, est assis sur un siège cubique à traverses verticales, posé sur un double degré. Il étend la main, ou-

Fig. 9.
Bibliothèque nationale.

verte de face, vers la déesse. Celle-ci est vêtue d'un châle à franges et coiffée de la tiare ; elle élève la main gauche de face. Le personnage est imberbe ; sa tête paraît rasée ; il est vêtu d'un châle à franges et élève la main droite devant sa bouche.

La pauvreté du sujet est souvent compensée par le nombre des emblèmes disposés dans le champ de l'intaille. On trouve, par exemple, le croissant de la lune, le disque solaire, l'arme recourbée à tranchant convexe, surmontée d'une tête de lion, qui sont des symboles divins, ou bien le vase, le bâton de mesure, le cercopithèque, le petit personnage aux jambes arquées... Sur le sceau de Ur-nigin-gar, scribe de Ur-lama, patési de Sirpurla, la divinité tient un vase jaillissant ; sur celui de Lugal-me, scribe de Gudéa, elle n'est pas assise, mais debout. La scène est parfois plus compliquée et comporte un quatrième personnage. Tel est le cas du cylindre de Hašhamer, patési d'Iškun-Sin, contemporain de Ur-engur, ou du cylindre de Gudéa lui-même, le plus intéressant de cette cérémonie. D'après M. Heuzey qui l'a fait connaître, la divinité introductrice, caractérisée par deux serpents dressés au-dessus de ses épaules, c'est Ningišzida, le patron personnel du patési : il présente son fidèle serviteur à un autre dieu, Ea, symbolisé par les vases jaillissants qu'il tient dans chaque main ou qui ornent le bord de son siège et lui servent de marchepied.

Dans la seconde cérémonie, un personnage, les mains serrées l'une dans l'autre, se tient devant un dieu assis. Il est d'ordinaire suivi d'une déesse qui élève les deux mains. Comme exemple de cette scène nous avons choisi un cylindre de lapis-lazuli que l'archéologue Anne de Caylus publia en 1752 dans le premier volume de son *Recueil d'Antiquités* et qu'il donna

FIG. 10.
Bibliothèque nationale.

peu après à la Bibliothèque du Roi. Un dieu barbu, coiffé du turban et vêtu d'un châle orné de larges franges, est assis de profil sur un tabouret recouvert de kaunakès, posé sur une estrade. Sa main gauche est ramenée à la poitrine et de la main droite il tient en avant un petit objet. Son poignet droit est orné de bracelets.

En face de lui se tient debout un personnage dont la tête est complètement rasée ; il est vêtu d'une tunique et d'un châle orné ; ses mains sont serrées l'une dans l'autre sur sa poitrine. Son attitude est dans l'ensembe celle des statues du patési Gudéa, au Musée du Louvre. Derrière lui une déesse, coiffée de la tiare multicolore et vêtue de kaunakès, élève les deux mains parallèlement l'une à l'autre.

Dans le champ, devant le dieu, un croissant surmonté d'un disque dans lequel est inscrite une étoile à quatre branches; entre les branches, des faisceaux de trois rayons.

Cette cérémonie présente moins de variété dans l'exécution. On la trouve sur les sceaux du scribe Ur-lama, d'Arad-Nannar, sukkalmah de Gimil-Sin, de Ur-Enlilla et de Lu-Enlilla, contemporains de Bur-Sin, roi d'Isin.

Dans une autre cérémonie, un personnage fait une libation devant une divinité. C'est, par exemple, un homme barbu, coiffé du turban et vêtu d'un châle orné; sa main gauche est ramenée à la ceinture et, de la main droite, il penche un calice d'où s'écoule un flot ondulé qui tombe dans un calice semblable, posé à terre. Le dieu auquel s'adresse cet hommage est debout, le pied posé sur un taureau à face humaine, couché de profil, la tête de face. Il est coiffé de la tiare multicorne, vêtu d'une tunique et d'un châle à rayures verticales serré à la ceinture. Sa main gauche est ramenée à la poitrine et de la main droite il tient en avant un sceptre à

Fig. 11.
Bibliothèque nationale.

boucle latérale. Son poignet droit est orné d'un bracelet. Derrière le libateur, une déesse, coiffée de la tiare multicorne et vêtue de kaunakès, élève les deux mains.

Voici une quatrième cérémonie, d'après un cylindre royal du Musée britannique[1]. Un personnage imberbe, les cheveux courts soigneu-

1. J. Menant, *op. cit.*, t. I, fig. 86.

sement ondulés, et vêtu d'un châle à franges, se tient debout, la main gauche sous le coude droit, la main droite élevée de profil, selon la pose du roi babylonien Hammurabi devant le dieu Šamaš, dans le bas-relief gravé au sommet du Code de ses lois. Sur le cylindre, le dieu est coiffé de la tiare et vêtu d'un châle à rayures verticales. Dans sa main gauche est une arme recourbée à tranchant convexe qui s'appuie sur son épaule; de la main droite, il tient un emblème formé d'une tige surmontée de trois masses d'armes. Devant lui, à terre, un vase duquel s'élève une palme entre deux inflorescences. Derrière le personnage, une déesse, coiffée de la tiare à cornes et vêtue d'une robe à rayures verticales, élève les deux mains. Une inscription de douze lignes nous apprend que cette intaille fut vouée par un certain Kilullaguzala au dieu Meslamtaëa pour la vie de Dungi, roi d'Ur. Nous savons par ailleurs que tout objet portait un nom particulier, que par exemple l'une des statues de Gudéa au Musée du Louvre s'appelait : « Le roi dont les contrées ne supportent pas la pesante force, Ningirsu, a assigné un bon destin à Gudéa, constructeur du temple » ; une autre avait pour nom : «La dame, fille chérie du ciel pur, la mère, la déesse Bau, dans l'e-sil-sir-sir, donne la vie à Gudéa. » Le sceau de Kilullaguzala s'appelait : « Que mon roi, en son entendement bienveillant, vive ! »

*
* *

A l'époque babylonienne, nous retrouvons Gilgameš et Ea-bani. Le monstre, le corps de profil à gauche, la tête de face, coiffée de la tiare multicorne, tient de la main gauche le poignet droit de son compagnon ; de la main restée libre ils se saisissent l'un l'autre le bras au-dessus du coude. Cette scène est rarement isolée ; elle se trouve presque toujours accompagnée d'un autre sujet, ce qui a permis de la rapporter d'une façon absolument certaine à cette période. La voici, par exemple, sur un cylindre qui porte également une présentation de chevreau à la divinité caractérisée par le couteau-scie, telle qu'elle se rencontre parmi les empreintes d'un contrat daté de l'époque de Samsi-Iluna, fils et successeur de Hammurabi, publiées par David Lyon.

Un personnage barbu, coiffé d'une sorte de turban et vêtu de kaunakès, tient des deux mains un chevreau qu'il présente à un dieu barbu, coiffé de la tiare multicorne et vêtu d'un châle à rayures verticales. Ce dieu pose le pied droit sur une éminence; sa main gauche est ramenée à la ceinture et de la main droite abaissée il

Fig. 12.
Bibliothèque nationale.

tient horizontalement un objet qui paraît être un couteau à lame dentée comme une scie. Derrière le personnage, une déesse coiffée de la tiare multicorne et vêtue de kaunakès élève les deux mains.

Dans le champ, devant le dieu, en haut, un croissant surmonté d'un disque dans lequel est inscrite une étoile à quatre branches ; entre les branches, des faisceaux de trois rayons; en bas, une tête rasée, de profil. Devant la déesse, en haut, un objet dont la nature n'est pas encore fixée ; en bas, un bouquetin, accroupi sur une éminence, retourne la tête en arrière. Entre Gilgameš et Ea-bani, en haut, une tortue ; en bas, un animal fantastique formé d'un prodome de lion et d'une queue de poisson.

L'offrande du chevreau se retrouve sur un autre cylindre accompagnée d'un sujet dans lequel figure une déesse guerrière[1].

Celle-ci se tient debout, le buste de face, la tête et les jambes de profil à gauche. Elle est coiffée de la tiare multicorne et vêtue d'un châle à rayures verticales laissant à découvert la jambe droite posée sur un lion accroupi. Sa main droite est étendue en avant ; sa main gauche abaissée s'appuie sur une arme courbe à tranchant convexe. Au-dessus de ses épaules, on aperçoit des flèches ou d'autres armes sortant d'un carquois. Vis-à-vis d'elle un personnage nu ou court vêtu, coiffé de la tiare multicorne, porte la main gauche à la poitrine et de la main droite abaissée tient un bâton recourbé. Il est caractérisé par des têtes de serpent qui s'élèvent au dessus de ses épaules.

1. Bibliothèque nationale.

Dans le champ, entre la déesse et lui, en haut, un lion couché de profil ; en bas, une tête imberbe avec mèche de cheveux sur le front.

Plus souvent la déesse guerrière tient en main un sceptre formé d'une tige striée surmontée d'une masse qu'accompagnent deux armes courbes, à tranchant convexe, terminées chacune par une tête de lion.

En face d'elle, on trouve fréquemment un personnage dont le rôle n'est pas définiti-

FIG. 13.
Musée Guimet.

vement fixé. Il est barbu, coiffé du turban et vêtu d'un châle court dont l'extrémité pend en pointe à la hauteur des genoux. Son bras droit

tête. D'une main ils se tiennent par le cou ; de l'autre, ils se touchent le genou.

Voici, enfin, un spécimen de sceaux qui paraissent avoir été gravés assez tardivement. Un dieu vêtu de kaunakès est assis sur un

FIG. 17.
Bibliothèque nationale.

tabouret. De la main droite il tient en avant un petit objet. En face de lui deux personnages. Le premier, vêtu de kaunakès et coiffé de la tiare, semble être une déesse. Il élève la main gauche : la paume est représentée par une ligne à laquelle aboutissent trois petits traits qui sont les doigts. Le second, vêtu d'un châle à franges, élève la main droite. Comme le dieu il est sans coiffure : ses cheveux sont soigneusement rangés en torsades symétriques. Peut-être avons nous là une de ces présentations que nous voyons figurer sur les cylindres de l'époque d'Ur et qui se retrouvent encore plus tard au temps des rois kassites, par exemple sur un kudurru trouvé à Suse, récemment publié par le P. Scheil.

Après la première dynastie babylonienne, nous n'avons plus guère de cylindres datés. L'invasion des Hittites, descendus des montagnes de la Cappadoce, introduit dans les sujets des éléments nouveaux. Plus tard, sous la domination des Kassites, les scènes se réduiront presque toujours à un seul personnage et l'inscription formera une longue dédicace à une divinité.

Déjà les Sémites ont émigré vers le Nord et fondé un nouvel empire sur les rives du Tigre. L'Assyrie développera l'art de la glyptique suivant son génie particulier. Elle utilisera le cylindre, mais elle connaîtra aussi l'usage du cachet plat dont nous nous servons encore aujourd'hui.

18 Février 1909.

Bibliographie

L. Delaporte. *Catalogue des Cylindres orientaux du Musée Guimet.*

J. Menant. *Les pierres gravées de la Haute-Asie. Recherches sur la glyptique orientale.*

De Sarzec et Heuzey. *Découvertes en Chaldée.*

LA RÉVOLUTION RELIGIEUSE
D'AMÉNOPHIS IV

PAR

M. A. MORET

Aménophis IV, qui régna vers 1370 avant J.-C., est de tous les pharaons égyptiens celui dont la physionomie est la plus curieuse, et la plus énigmatique aussi, bien que de nombreux monuments nous soient parvenus de lui. Dans ce pays d'Egypte où la tradition est toute-puissante, parmi ces Egyptiens « les plus religieux de tous les hommes », Aménophis IV a conçu et réalisé une révolution religieuse ; il s'est séparé du grand dieu national Amon-Râ et lui a substitué le dieu Aton, dont il a imposé le culte à la cour, aux prêtres, au peuple d'Egypte et à ses sujets étrangers.

13.

La rupture des relations entre l'Etat et le sacerdoce qui gère la religion d'état, est une œuvre ardue dans tous les pays et dans tous les temps; mais combien était-elle d'une réalisation particulièrement difficile en Egypte! Aménophis IV, semblable en cela à tous les pharaons ses ancêtres, était considéré comme le fils et l'héritier des dieux, et, en particulier, comme le successeur d'Amon-Râ, dieu patron de Thèbes, capitale de l'Egypte au temps du Nouvel-Empire. Sur les murs des temples on pouvait voir les scènes traditionnelles qui attestaient la vérité de la procréation du roi par le dieu[1]. A Louxor, par exemple, on représentait l'union charnelle d'Amon avec la reine Moutemouâ, mère d'Aménophis III, le propre père du roi révolutionnaire; les mois de la grossesse révolus, la reine accouchait avec le secours des déesses, et Amon, prenant dans ses bras le petit roi, le reconnaissait comme son fils et le consacrait son héritier. D'Aménophis IV on disait, on croyait chose pareille; la procréation du roi par Amon était la

1. L'union charnelle du dieu Amon-Râ et de la reine est représentée à Deir-el-Bahari (Ed. Naville, *Deir-el-Bahari*, II, pl. 57) et à Louxor (Gayet, *Le temple de Louxor*, pl. LXIII.) Voir la traduction et le commentaire des textes dans A. Moret, *Du caractère religieux de la royauté pharaonique*, p. 50 sqq.

garantie la plus sûre de son origine divine et de son droit à gouverner les hommes.

De plus, en cette époque de la fin de la XVIIIe dynastie, Amon avait acquis des droits nouveaux à la reconnaissance des rois. Deux siècles à peine s'étaient écoulés depuis l'époque où les Pasteurs, venus d'Asie, occupaient encore le Delta et la moyenne Egypte, maîtrisant les villes, pillant les campagnes, et ruinant les temples des dieux indigènes au profit de leurs divinités, Bâal l'asiatique et Soutekhou le grand guerrier. C'est par la force d'Amon que les petits rois thébains de la XVIIe dynastie avaient pu commencer la guerre d'indépendance, pousser peu à peu tous les Pasteurs hors de l'Egypte et qu'Ahmès Ier les avait définitivement expulsés. Et, par la suite, si Thoutmès Ier et Thoutmès III avaient pu conquérir les Échelles de Syrie, traverser le Liban, passer l'Oronte et atteindre aux rives de l'Euphrate, si leurs successeurs, les Aménophis, tenaient sous leur protectorat la Syrie et la Palestine au Nord, et la Nubie au Sud, n'était-ce point parce qu'Amon combattait avec le Pharaon et guidait dans la mêlée les archers et les chars d'Egypte? Les récits officiels de ces campagnes, gravés sur les murs de Karnak et de Louxor, attestaient du moins que ces victoires étaient les exploits d'Amon, que les pays captifs étaient les prisonniers d'Amon et que tous les tributs prélevés en Syrie et en Nubie venaient grossir les trésors d'Amon. Le dieu thébain, enrichi et fortifié par tant de victoires, était maintenant le dieu national, le dieu de la revanche contre les Asiatiques.

Amon était enfin le dieu qui, par l'intermédiaire de ses prêtres, donnait aux rois la force et l'autorité dans le gouvernement intérieur de l'Égypte. Après le glorieux règne de Thoutmès Ier, des querelles dynastiques avaient affaibli la maison royale ; on avait vu des rois chassés du trône, supplantés par une femme, la reine Hâtshopsitou, puis rappelés, bannis de nouveau, et enfin triomphants. Les grands prêtres d'Amon avaient présidé à ces intrigues, donnant tour à tour et retirant leur appui. Ainsi étaient-ils devenus de véritables maires du palais, disposant du pouvoir civil comme des fonctions religieuses : sous Hâtshopsitou[1], le prince Hapousenb, sous Aménophis III, Phtahmes, étaient « prophète en chef d'Amon, directeur de tous les prophètes du Sud et du

1. Breasted, *History of Egypt*, et *Ancient Records*, II. p. 160.

Nord, directeur de la ville de Thèbes, vizir de l'Egypte entière »[1]. Tant de fonctions temporelles et spirituelles concentrées dans la même main ! Voilà qui était éminemment dangereux pour le pharaon. On sait comment finissent ces situations équivoques, où le serviteur prend le pas sur le maître, le pousse peu à peu hors du trône pour s'installer un beau jour à sa place. C'est ce qui s'est passé en Egypte quelques siècles plus tard, à la fin de la XXe dynastie, quand les prêtres d'Amon sont devenus les Pharaons ; cette révolution sacerdotale était déjà dans l'air à la fin de la XVIIIe dynastie ; mais Aménophis IV fut l'homme qui changea le cours prévu des choses : il ne permit point aux prêtres d'Amon de détrôner les rois ; ce fut lui qui tenta de détruire le sacerdoce d'Amon, en anéantissant à la fois les prêtres et le dieu.

*
* *

L'homme qui ne recula point devant le dieu Amon était-il un de ces colosses dont la force

1. Statuette de Phtahmes, publiée par Legrain, ap. *Recueil*, XXIX, p. 83; cf. la stèle de Lyon, publiée par Devéria, *Œuvres*, dans la *Bibliothèque Égyptologique*.

physique et la taille avantageuse expliquent la vigueur morale et l'ascendant personnel? Nullement : Aménophis IV était un homme de taille moyenne, à l'ossature grêle, aux formes arrondies et efféminées : les sculpteurs du temps nous ont rendu fidèlement ce corps d'androgyne dont les seins proéminents, les hanches trop larges, les cuisses trop galbées, ont un aspect équivoque et maladif (fig. 1). La

FIG. 1. — Statue d'Aménophis IV (Louvre).

tête n'est pas moins singulière, avec son ovale très doux, le pli des yeux un peu obliques, le dessin amolli d'un nez long et et fin, la saillie d'une lèvre inférieure proéminente, le crâne à la fois arrondi et fuyant. La tête se penche en avant, comme si le cou était trop faible pour la supporter (fig. 2). L'ensemble donne l'im-

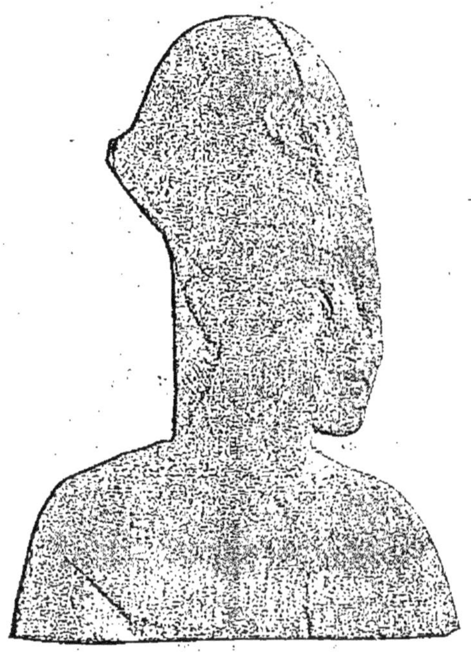

FIG. 2. — Buste d'Aménophis IV (Louvre).

pression d'un individu affiné et amolli; c'est physiquement un Pharaon fin de race. On s'est demandé si ce corps un peu dégénéré était le produit de deux Égyptiens de bonne souche. La mère du roi, Tii, avait été la femme préférée d'Aménophis III; on savait qu'elle était de naissance vulgaire. Son père Iouàa et sa mère Touàa portent des noms où l'on croyait reconnaître quelque assonance sémitique[1] : l'idée est donc venue à bien des auteurs, qu'Aménophis IV, par sa mère Tii, avait dans les veines du sang sémitique, et comme la réforme religieuse préconisée par lui est à tendance monothéiste, on expliquait volontiers par l'influence directe et indirecte du sang maternel les idées et le caractère singulier du fils[2].

La terre d'Egypte nous a permis de résoudre cette petite énigme. Au mois de février 1905 M. Théodore Davis a eu la bonne fortune de déblayer à Thèbes le tombeau intact du père et de la mère de la reine Tii. Or « tous les objets qui sortirent de l'hypogée sont du plus beau style égyptien, et aucun ne dénote la moindre trace d'influence étrangère... les momies elles-mêmes ne peuvent fournir aucun renseignement positif »[3]. Touàa avait le pur type égyptien;

1. De nombreux scarabées qu'Aménophis III fit graver à l'occasion de son mariage avec Tii donnent les noms de ses père et mère (cf. Maspero, *Histoire*, II, p. 315). Ces noms sont bien d'origine égyptienne, comme l'a démontré Maspero, ap. *Recueil de travaux*, III, p. 128.

2. On a parfois mis en doute qu'Aménophis III fût le fils de Tii (Wiedemann, ap. *Proceedings* S. B. A., XVII, p. 156); mais les lettres de la correspondance d'El-Amarna désignent Aménophis IV comme fils de Tii (Petrie, *History of Egypt*, II, p. 209.

3. Legrain, *Thèbes et le schisme de Khouniatonou*, p. 13 (ap. *Bessarione*, XI, 1906).

Iouâa a le visage orné d'un grand nez busqué, mais point d'un type sémitique caractérisé[1]. Il semble, par les titres qu'il porte, que le grand-père d'Aménophis II était originaire d'Akhmim, ville du centre de l'Egypte,

Admettons donc que le Pharaon réformateur était de bonne souche égyptienne. D'ailleurs, si son type physique est un peu dégénéré, son esprit n'était nullement décadent. A en juger par les hymnes religieux composés par lui, il était d'une intelligence mystique subtile, d'une sensibilité très vive et humaine. Nous savons, par les tableaux du temps, qu'il adorait la vie de famille; sa mère Tii, sa femme, et même ses quatre filles, apparaissent à ses côtés, non seulement dans l'intimité de ses appartement privés, mais quand il reçoit un grand fonctionnaire, quand il va au temple et dans toute cérémonie publique (fig. 3). Autant qu'on peut juger, Aménophis IV semble avoir été d'un caractère simple et bon, d'un esprit subtil, tenace et systématique. Ce rêveur et ce mystique allait jusqu'au bout de ses idées et se portait rapidement aux résolutions extrêmes.

1. Cf. Catalogue du Musée du Caire, *Tomb of Yuaa and Thuia*, 1908, pl. LVII-LX et frontispice.

Nous avons vu plus haut que dès le début de son règne Aménophis IV se trouva en présence d'un dieu, Amon de Thèbes, qui par la politique de ses prêtres était devenu trop avide de richesses, trop préoccupé d'asservir le palais à ses volontés, trop exclusivement national pour un pays qui prétendait s'assimiler la Nubie et la Syrie.

Or nous constatons qu'en l'an VI du nouveau règne une révolution politique et matérielle radicale a été effectuée[1]. Thèbes n'est plus capitale de l'Egypte. Ce qui était la « cité d'Amon » est devenu « la cité d'Aton »; les biens de mainmorte du dieu thébain ont été confisqués au profit du dieu Aton; le grand prêtre d'Amon et tout le sacerdoce amonien n'existent plus, puisque le culte d'Amon est interdit sur tout le territoire d'Egypte. Le nom même d'Amon ne doit plus être prononcé; il ne peut plus être écrit sur pierre ou sur papyrus, et comme, à défaut du présent, le passé rappelait ce nom sur des milliers de monuments, le roi réformateur entreprit une destruction méthodique non des monuments, mais du nom du dieu Amon. Sur tous les murs, au flanc des colonnes, au sommet

1. Lepsius, *Denkmäler*, III, 110,*b*.

des obélisques, au fond des tombeaux, partout les iconoclastes envoyés par le roi exercèrent leurs yeux à découvrir les hiéroglyphes condamnés, pour marteler impitoyablement le nom d'Amon et celui de Mout sa déesse parèdre. Marteler le nom du dieu, c'était tuer son âme[1], anéantir son double, détruire ses titres de propriétés, annuler ses victoires et ses conquêtes. C'était refaire une histoire d'Egypte où la gloire des hauts faits accomplis serait laissée à leurs vrais auteurs, les Pharaons, et non pas rapportée au dieu orgueilleux qui se disait leur père et leur inspirateur. Enfin, pour bien marquer sa rupture complète avec un passé abhorré, le roi changea son nom d'*Aménophis* en celui de *Khounaton* « celui qui plaît au dieu Aton[2] ».

1. Cf. Lefébure, *La vertu et la vie du Nom, en Egypte*, ap. *Mélusine*, VIII, n° 10 (1897), p. 229-231. « Le martelage du nom était un véritable meurtre... ; on martelait le nom des personnages condamnés ou disgraciés... »

2. Le sens de ce nom (qu'on traduisait jusqu'ici *gloire* ou *esprit du dieu Aton*) a été rétabli récemment par Sethe (*Aegyptische Zeitschrift*, XLIV, p. 117). M. Schaefer remarque que le roi Minephtah Siphtah prendra un nom du même type *Khounrâ* « celui qui plaît à Râ ». Comme le montre Sethe, *Khou-*

Il y eut probablement une résistance terrible de la part du sacerdoce d'Amon. Mais nous n'en connaissons pas les péripéties. Beaucoup plus tard, quand après la mort du roi réformateur, les prêtres d'Amon redevenus puissants célébraient les mérites de Toutânkhamon, qui les rétablira dans leurs privilèges, voici comment l'on décrivait l'état de l'Egypte après la révolution :

« Le monde était comme au temps du chaos, les biens des dieux étaient dévastés depuis Eléphantine jusqu'au Delta ; leurs sanctuaires allaient à la male heure et les champs à la ruine ; les mauvaises herbes y poussaient ; les magasins étaient pillés et les enclos sacrés, livrés aux passants. Le monde était souillé ; les dieux s'en allaient, tournant le dos aux hommes, le cœur dégoûté de leurs créatures...[1]. »

Ce tableau est fort exagéré. Là où le texte parle *des dieux*, il faut lire *le dieu* Amon. La détresse d'un seul dieu et d'un seul culte n'impliquait pas la ruine des autres divinités ni des

naton signifie à peu près par rapport à Aton ce que spécifiait Amenophis par rapport à Amon « repos, paix d'Amon ».

1. Legrain, *La grande stèle de Toutânkhamon*, ap. *Recueil*, XXIX, p. 167.

autres sacerdoces[1]. Contre un seul dieu, le roi avait dirigé ses efforts de destruction, et à sa place, il avait installé une divinité plus ancienne, plus vénérée, plus populaire peut-être, ce dieu *Aton*, dont maintenant le nom servait à désigner le roi et la capitale de l'Egypte.

Aton est le disque solaire ; c'est la forme tangible et visible de Râ, le Soleil, le plus ancien peut-être et le plus populaire des dieux égyptiens. On le représente sous la forme d'un disque dont une Urœus lovée décore le centre ; les rayons du disque tombent jusqu'à terre comme des bras munis de mains (Pl. III) ; et ces mains prennent les offrandes sur les autels, tendent le signe ☥ aux narines du roi, le tiennent embrassés lui et les siens[2]. En un mot, ce qu'était Amon pour les prédécesseurs de

1. C'est une question encore discutée de savoir si Khounaton a proscrit le culte des dieux autres qu'Amon. Breasted remarque que dans le tombeau de Ramose, et ailleurs, on a soigneusement martelé non seulement le nom d'Amon, mais le mot « dieux » (*Zeitschrift*, XL, p. 109). Voyez cependant ce qui est dit plus bas, p. 177.

2. La représentation du « disque rayonnant » qui est caractéristique des monuments d'Aménophis IV, n'est cependant pas une innovation personnelle de ce roi. Le disque rayonnant est déjà figuré sur des monuments de son père Aménophis III (Lepsius, *Denkmäler*, III, 91, *g*). Après Aménophis IV, l'usage de ce motif décoratif disparaît complètement.

Khounaton, Aton l'est pour celui-ci : un dieu bienfaisant, un dieu père. Mais ce n'est plus un dieu tyran.

FIG. 3. — Khounaton et sa famille (Berlin).

Le roi s'est en effet bien gardé de reconstituer, pour le service d'Aton, un sacerdoce sur le type de celui qui gérait les destinées de Thèbes. Aton est originaire d'Héliopolis comme Râ, et son grand-prêtre porte le même titre « *Our Maa* [hiéroglyphes] = grand voyant » que celui de Râ. Mais le roi n'a pas confié à la vieille ville sacerdotale d'Héliopolis la garde du nouveau culte. C'est dans une ville neuve, [hiéroglyphes] Khoutaton, « l'horizon d'Aton », la moderne El-

Amarna, sur la rive droite du Nil, entre Memphis et Thèbes, qu'il a fondé le temple à obélisque central consacré au dieu Aton ; en Nubie, près de la 3e cataracte, une autre ville, Gem-Aton, et en Syrie une cité dont le nom ne nous est pas connu servent aussi de capitales en pays conquis au nouveau dieu d'état[1]. Les biens nécessaires à la dignité convenable du dieu, le roi les administre lui-même, car il est « prophète en chef de Râ-Harmakhis » [hiéroglyphes][2] et « grand voyant d'Aton ». — Ce double titre est fort intéressant en ce qu'il montre l'unité matérielle des cultes d'Harmakhis et d'Aton, et la réunion entre les mains du roi, de l'administration de leurs biens temporels. Nous savons, d'ailleurs, par une statuette du Musée de Turin que les rapports entre la famille d'Aménophis IV et le sacerdoce d'Héliopolis étaient anciens. Un frère de la reine Tii, l'oncle par conséquent du roi réformateur, était déjà « grand voyant dans Héliopolis » en même temps que « deuxième prophète d'Amon[3] ». En cette qualité de chef du sacerdoce héliopo-

1. Breasted, *History of Egypt*, p. 364 et *Aeg. Zeitschrift*, XL, p. 106 sqq.

2. Lepsius, *Denkmäler*, III, 110, *i*.

3. L. Borchardt, *Ein Onkel Amenophis III als Hoherpriester von Heliopolis*, ap. *Aegyptische Zeitschrift*, XLIV, p. 97.

litain et atonien, à l'oncle et au neveu ressortait l'administration du bien de mainmorte concédé à Aton, et les biens d'Amon confisqués au profit d'Aton. C'est une sécularisation des biens amoniens, une reprise de possession des terres sacerdotales qu'a opérées le roi. Pourtant, à la fin de son règne, Pharaon confie à son plus dévoué confident, Merirâ[1], la charge de grand prêtre et grand voyant d'Aton[2]; mais il a bien soin de ne point lui départir de fonctions civiles, et de confier à d'autres[3] l'administration financière et judiciaire de l'Egypte. Le grand prêtre d'Aton reste un subordonné du roi; le danger n'est pas qu'il devienne jamais un maire du palais trop puissant.

Si Pharaon assume la direction personnelle des biens du nouveau dieu d'État, il se préoccupe bien plus encore de la doctrine religieuse. La révolution qu'il a réalisée, il s'efforce qu'elle ne soit pas seulement politique et économique. Le roi ne se contente pas d'avoir remis la main sur le sacerdoce et les biens de mainmorte, il prétend modeler les âmes et orienter

1. Breasted, *History*, p. 367.
2. Breasted, *Ancient Records*, II, p. 405.
3. Le plus puissant d'entre eux fut le vizir Ramose (Breasted, *Ancient Records*, II, p. 385 sq.) qui n'est pas grand prêtre d'Aton.

la foi vers de nouvelles et plus humaines destinées.

Il est probable que, pour y arriver, le roi couvrit la terre d'Égypte de temples, en l'honneur d'Atou. De ces édifices (qui ont été détruits presque partout après la mort du roi), il ne reste guère que des débris à Thèbes, Hermonthis, Memphis, Héliopolis[1], mais la capitale du culte d'Aton, précisément parce qu'elle fut abandonnée par les successeurs du roi réformateur, nous a gardé des ruines où l'on reconnaît les traces des palais et des temples[2], et surtout des tombeaux où les favoris de Khounaton nous ont représenté le roi dans ses rapports avec eux, Nous y voyons le roi visitant ses sujets, les recevant à son palais, paraissant au balcon pour leur jeter des couronnes, des colliers, qui sont autant de marques de sa faveur royale ; et cette faveur, il la réserve surtout à ceux « qui ont bien écouté ses paroles et qui ont compris et pratiqué sa doctrine[3] ». Dans plusieurs tombeaux, les

1. Voir les textes cités par Breasted, *Aegyptische Zeitschrift*, XL, p. 111.

2. Petrie, *Tell el Amarna*, 1894 ; cf. Davies, *The Rock tombs of el Amarna*, I-VI, 1902-1908 ; et Bouriant, Legrain, Jéquier, *Monuments pour servir à l'histoire du culte d'Atonou*, I, 1903.

3. Breasted, *History*, p. 367.

favoris, pour montrer leur zèle, ont reproduit les strophes des hymnes composés par le Pharaon lui-même en l'honneur d'Aton. Ces hymnes sont pour nous des textes d'une importance unique et inappréciable. En le traduisant, nous nous rendons compte de l'esprit enthousiaste et mystique qui animait le roi et nous pouvons apprécier quelle conception de plus grande humanité cachait l'établissement du culte d'Aton.

HYMNE D'AMÉNOPHIS IV[1]

Adoration d'Harmakhis qui se lève dans l'horizon en son nom de « Ardeur du disque solaire...[2] *» par le roi Khounaton et la reine Nefer Neferiou Aton.*

Il dit :

Tu te lèves bellement dans l'horizon du ciel, ô Aton, initiateur de la vie.

Quand tu t'arrondis à l'orient, tu remplis la terre de tes beautés (rayons).

Tu es charmant, sublime, rayonnant haut par-dessus la terre. Tes rayons enveloppent les terres et tout ce que

1. Breasted, *De hymnis in solem sub rege Amenophide IV conceptis* (1894).

2.

tu as créé. Puisque tu es Râ (créateur), tu conquiers ce qu'elles donnent et tu lies des liens de ton amour. Tu es loin, mais tes rayons sont sur (touchent) la terre. Quand tu es au ciel, le jour accompagne tes pas.

Nuit :

Quand tu te reposes dans l'horizon occidental[1], la terre dans les ténèbres est comme ces morts couchés dans leurs caveaux, la tête bandée, les narines bouchées, les yeux sans regard (l'œil ne voit pas son second); on peut voler tous leurs biens, même ce qui est sous leur tête, sans qu'ils le sentent. Alors tout lion sort de sa caverne, tout serpent pique; il fait noir comme dans un four, la terre se tait. Celui qui a créé tout cela repose en son horizon.

Jour, Humanité :

L'aurore vient, tu poins à l'horizon, tu rayonnes comme Aton en son jour; les ténèbres s'enfuient quand tu lances tes traits, les deux terres sont en fête. Les hommes s'éveillent, sautent sur leurs pieds, c'est toi qui les fais se dresser; ils se lavent les membres, prennent leurs vêtements; leurs mains adorent ton lever, la terre entière vaque à ses travaux.

Animaux :

Tous les animaux s'installent dans leurs pâturages, les

1. J'utilise ici la traduction donnée par Maspero, *Histoire*, II, p. 322.

arbres et les plantes croissent, les oiseaux volent dans les fourrés les ailes droites en l'adoration de ton double, les bestiaux bondissent[1]. Tous les oiseaux qui étaient gîtés revivent quand tu te lèves pour eux.

Eau :

Les bateaux descendent et remontent le fleuve, car toute voie s'ouvre à ton apparition; les poissons du fleuve sautent vers toi, tes rayons pénètrent jusqu'au fond de la mer.

Hommes et animaux :

C'est lui qui suscite le germe des femmes et qui crée la semence chez les hommes, lui qui fait vivre l'enfant dans le sein de sa mère, lui qui calme l'enfant pour qu'il ne pleure pas, il le nourrit par le sein (de sa mère), il donne les souffles pour animer tout ce qu'il crée. Quand l'enfant tombe du sein, au jour de sa naissance, tu ouvres sa bouche pour les paroles, et tu satisfais à ses besoins.

Quand le poussin est dans l'œuf — un caquet dans la pierre — tu lui donnes les souffles à l'intérieur de la coquille pour le faire vivre. — Quand tu as fait qu'il se soit développé dans l'œuf au point de le crever, il sort de l'œuf pour crier son existence, et il marche sur ses pattes dès qu'il sort. Combien sont nombreuses tes œuvres. Tu as créé la terre dans ton cœur (alors que tu étais

1. Voir l'illustration de ce passage dans fig. 6, p. 186, fragment du pavé des palais d'El-Amarna.

tout seul), la terre avec les hommes, les bestiaux grands et petits, tout ce qui existe sur terre et marche de ses pieds, tout ce qui vit en l'air et vole de ses ailes, les pays étrangers, la Syrie, la Nubie, l'Égypte[1].

Tu mets chaque homme à sa place, créant ce qui lui est nécessaire, chacun avec son patrimoine et ses biens, avec son langage varié, sa forme et sa couleur de peau particulière. Toi le maître du choix, tu as distingué (de nous) les races étrangères.

Tu crées le Nil dans l'autre monde, tu l'amènes (sur terre) quand tu le veux pour nourrir les hommes..., tu permets que le Nil descende du ciel vers eux, tu crées sur les montagnes des lacs (grands) comme des mers, tu inondes les champs dans leurs territoires..., tu allaites chaque territoire.

Tu as fait les saisons de l'année pour faire naître tout ce que tu as créé, l'hiver pour rafraîchir (tes créatures), l'été (pour les réchauffer). Tu as créé le ciel lointain pour te lever en lui et voir de là tout ce que tu as créé, toi tout seul. Tu poins en ta forme d'Aton vivant, tu te lèves rayonnant, tu t'éloignes et tu reviens; tu as créé toutes les formes, toi tout seul, les nomes, les villes, les campagnes, les routes, les eaux. Tout œil te contemple au-dessus de lui, car tu es le disque du jour au-dessus de la terre.

Tu es dans mon cœur; il n'existe nul autre qui te

1. Il est très remarquable que, dans cette énumération, le roi ait donné la première place aux pays étrangers. Cf. p. 181.

comprenne, excepté moi ton fils... O toi qui, lorsque tu te lèves..., fais vivre les hommes, qui, lorsque tu te couches, les fais mourir..., élève-les pour ton fils, qui est sorti de ta chair, Khounaton.

Tous les lecteurs de l'hymne d'Aménophis IV seront d'accord pour en louer la beauté d'inspiration et d'expression. Il est peut-être plus difficile d'attribuer à cette poésie la qualité d'*originalité* que la plupart des égyptologues lui décernent. Il est admis, dans l'école, que l'hymne gravé à Khoutaton exprime des concepts nouveaux dans la littérature théologique des Égyptiens : l'adoration d'un dieu qualifié *unique*, *seul*, créateur tout-puissant, l'expression d'un sentiment de la nature, qui associe à l'homme les animaux, les plantes, l'eau et la terre dans l'adoration du dieu, Providence unique de tout ce qui existe et de tout ce qui vit. Ces sentiments et leur expression sont-ils chose nouvelle en Égypte et datent-ils expressément de l'époque de Khounaton ? Pour en décider, il serait nécessaire de posséder d'autres hymnes, *antérieurs* à ceux d'El-Amarna ; la comparaison de ces textes et du nôtre permettrait de juger de l'originalité de celui-ci. Or la poésie religieuse avant la XVIIIe dynastie ne se compose — jusqu'à présent — que de morceaux fort courts, petits hymnes gravés sur des stèles funéraires, adressés généralement à Osiris ou à Râ, mais dont la rédaction extrêmement concise, vu que la place est limitée, ne donne matière à aucun développement lyrique. Il est cependant un monument qui nous a conservé un grand hymne antérieur à Aménophis IV, et jusqu'ici, on n'a pas songé à le comparer avec les textes d'El-Amarna. C'est une stèle de la Bibliothèque nationale qui porte *l'hymne à Osiris*; elle a été gravée pour le compte d'un directeur des troupeaux Amenemhat dans le nom duquel le début *Amen* a été martelé à l'époque où Khounaton faisait anéantir sur tous les monuments le nom d'Amon; comme le dit Chabas, qui a magnifiquement publié la stèle[1], « nous devons donc tenir pour certain que ce monument est antérieur à Khounaton ». Or l'hymne à Osiris fort développé que contient la stèle prouve tout d'abord que le culte et les louanges d'Osiris, d'Isis, d'Horus, d'Atoum, de Seb, de Nouit, dieux dont le nom

1. Chabas, *Un hymne à Osiris*, ap. *Bibliothèque Egyptologique : Chabas, Œuvres*, I, p. 95.

n'a nullement été martelé, ont été respectés par les fonctionnaires iconoclastes de Khounaton. Notons ensuite qu'Osiris y est adoré comme le premier des dieux, comme le créateur de tout ce qui existe, terre, eaux, plantes, animaux, hommes et dieux, comme l'Etre-Bon, la Providence dont les soins s'étendent à toutes les créatures et sur toutes les parties de l'univers. De cette comparaison, il nous semble résulter que la matière développée dans les hymnes de Khounaton se compose de thèmes déjà utilisés dans la littérature religieuse égyptienne et probablement bien connus de tous. « L'originalité » prêtée aux hymnes de Khounaton se réduit probablement à l'expression neuve et d'un accent, autant que nous pouvons en juger, plus personnel, d'une pensée ancienne.

D'autres faits confirment, nous semble-t-il, cette façon de voir. Si les hymnes antérieurs à Aménophis IV sont rarissimes, nombreux sont ceux qui nous sont parvenus dans des compilations datées postérieurement à lui. Or ces hymnes adressés à Amon, à Thot, à Phtah, etc., reproduisent presque littéralement un bon nombre des passages caractéristiques des hymnes à Aton : comme le dieu d'El-Amarna, Amon sera appelé l'unique, le seul, le créateur des terres, des eaux et des animaux; lui aussi a modelé de sa main puissante les races, variées par la couleur et par la langue, des êtres humains. Faut-il conclure que les hymnes à Aton ont été plagiés, dans leurs expressions les plus remarquables, par les prêtres du dieu rival, Amon thébain ? Il parait bien étonnant que, si ces expressions étaient spéciales à la littérature atonienne, elles n'aient pas été condamnées comme le culte du dieu lui-même. Nous croyons plus raisonnable d'admettre que l'école d'El-Amarna puisait ses développements à une source qui alimentait aussi les écoles rivales; les dieux, tour à tour prépondérants, des différentes capitales historiques ont été chantés, au cours des siècles, sur les mêmes modes, avec, toutefois, des nuances d'expression correspondant à telle ou telle préoccupation intellectuelle ou morale de l'époque où l'hymne était rédigé.

Ceci posé, il faut reconnaître que plusieurs de ces idées générales ont été développées par Khounaton avec une force et une poésie singulières.

L'intention du roi me semble avoir été partout celle-ci : proposer à l'adoration des Egyptiens non plus un dieu particulier à une ville et d'un caractère national bien marqué, mais un dieu réellement supérieur aux autres par le rôle qu'il joue dans la nature et d'un caractère humain universel.

Pour cela, le roi choisit un vieux dieu national, le soleil, dont la puissance, bienfaisante aux uns, redoutable aux autres, n'apparaît nulle part plus absolue que dans les pays d'Orient. Ce dieu, on ne le représente plus aux hommes, comme aux temps jadis, sous la forme bizarre d'un faucon héraldique 𓅃 (Harmakhis) ; mais c'est un disque rayonnant qui devient le simulacre parlant de la divinité, un hiéroglyphe que tous les hommes, Egyptiens ou étrangers (et même parmi les modernes), sauraient lire et comprendre du premier coup d'œil.

Ce dieu, qui personnifie la lumière, la chaleur (en son nom d' « Ardeur qui est dans le Disque »), le mouvement, est véritablement le bienfaiteur et le vivificateur de tout ce qui existe. L'hymne exprime à merveille, avec une naïveté pleine de poésie, une fraîcheur d'impression et une profusion d'images qu'on sent toutes proches encore de la source poétique, les sentiments d'adoration plus ou moins consciente ou confuse qui animent hommes, bêtes, pierres et plantes vis-à-vis de celui qui dissipe la nuit, chasse les bêtes fauves, fait croître la végétation et nourrit les enfants des hommes.

De pareils sentiments sont communs à tous les peuples; aussi, pour la première fois peut-être dans l'histoire du monde, voyons-nous un roi faire appel à des étrangers, Sémites et Nubiens, pour adorer, aux côtés de son propre peuple, Aton, bienfaiteur universel. Pour la première fois la religion est conçue comme un lien qui réunit des hommes de race, de langue, de couleur différentes. Le dieu de Khounaton ne distingue pas les Egyptiens et les Barbares : tous les hommes sont au même degré ses fils et doivent se considérer comme frères.

Il y a donc au centre du monde une Energie bienfaisante et pondératrice qui vis-à-vis des êtres vivants joue le rôle de providence. Cette énergie est à la fois Chaleur et Pensée. De telles idées étaient dans l'air à cette époque et l'on connaît un texte, dont la rédaction semble ancienne, où le dieu Phtah, qualifié comme l'est ici Aton, est appelé : « l'intelligence et la langue des dieux, source des pensées de tout dieu et de tout homme et de tout animal »[1].

Ainsi ce dieu dans l'intimité de qui vit le roi, que lui seul peut comprendre et faire connaître aux hommes, tel qu'un prophète touché de la révélation, est un dieu de l'humanité entière, un dieu intellectuel, un dieu qui revêt une forme raisonnable et belle. A tous ces égards il méritait de devenir le dieu de l'empire égyptien, en ce temps où l'Egypte débordait sur les autres nations et prétendait leur imposer ses armes et ses idées.

Jugée à ce point de vue, la tentative d'Aménophis IV dépasse la portée d'une réaction politique contre l'autorité envahissante de ces maires du palais qu'étaient les grands prêtres d'Amon, — nous y voyons un très intéressant effort vers l'établissement d'un culte compréhensible à des peuples de civilisations et de nationalités différentes. La réforme d'Aménophis IV est en somme un retour à une forme plus humaine de religion et probablement à une conception archaïque qui avait déjà eu sa floraison aux temps de l'Ancien Empire, quand le dieu Râ dominait les dieux des vivants.

1. Breasted, ap. *Aegyptische Zeitschrift*, XXXIX, p. 39 sqq.

De même que dans les temps modernes, ce retour aux formes simples de la religion s'est accompagné d'un renouveau de l'art et d'un retour aux traditions d'observation sincère et réaliste de la nature. Au fur et à mesure que s'était développée la puissance des prêtres d'Amon, les artistes thébains, chargés de décorer les temples ou de faire les statues des dieux et des rois, s'étaient haussés eux aussi jusqu'à l'emploi d'un style à la fois classique, artificiel et conventionnel, mais d'une majesté et d'une froideur convenables à la majesté et à l'autorité d'Amon. Khounaton, le roi sincère et convaincu, retira sa faveur à l'art thébain et encouragea les artistes provinciaux, moins habiles mais restés plus près de la nature. Comme le pharaon était, dans sa personne et dans ses actes, le thème habituellement proposé aux conceptions des artistes, il exigea qu'on le représentât lui et les siens, tel qu'il était au naturel, avec ses imperfections physiques et dans l'intimité de sa famille aussi bien que dans la pompe de la cour. De là ces tableaux des tombes où le roi nous apparaît dans des attitudes familières, entouré de sa femme (fig. 3 et 5), de ses filles et de ses amis ; les fêtes de la cour, les réjouissances célébrées à l'occasion d'une récompense accordée à tel ou tel bon serviteur, les cérémonies des temples, ou le deuil mené par le roi lors de la mort de sa fille chérie Bakitaton (fig. 4), tels

Fig. 4. — Funérailles de Bakitaton (El-Amarna).

sont les thèmes choisis. Ils sont traités par les artistes avec cet amour de la vie, cette joie animant la nature entière, cette franchise d'expression, qui éclatent dans les hymnes analysés plus haut. C'est bien le même esprit qui anime à cette époque la poésie liturgique et les arts plastiques (fig. 6.).

Mais il arriva que plusieurs de ces artistes ont exagéré jusqu'à l'excès les qualités d'observation et de sincérité : peut-être n'étaient-ils pas assez maîtres de leur métier pour être de grands artistes tout en étant observateurs fidèles ;

plusieurs nous ont donné du roi et de ses parents des portraits qui sont de véritables caricatures (fig. 3). Mais il s'est trouvé un artiste au moins qui a su allier les tendances réalistes de l'école nouvelle aux traditions de style pur et classique de l'école thébaine. A celui-là nous devons la

FIG. 5. — Khounaton jeune et sa femme (Berlin).

statue d'Aménophis IV et le buste du Louvre, et peut-être cette tête de fillette (fig. 7) et ce torse de jeune fille (fig. 8), probablement une des princesses royales, autant d'œuvres qui par la perfection du modelé, la sincérité de l'observation, et le haut style de l'exécution, comptent parmi les plus vivantes merveilles de la sculpture de tous les temps.

Aménophis IV ne régna guère que 16 ans, et peut-être — si l'on en juge du moins par certaines

Fig. 6. — Pavé peint du palais d'El-Amarna.

de ses effigies (fig. 3) — la lutte contre les prêtres d'Amon ébranla-t-elle sa santé et amena chez lui une sénilité précoce. Son œuvre ne lui survécut pas ; son deuxième successeur, Toutânkhamon, fils d'une autre femme d'Aménophis III, restaura le culte d'Amon et le pouvoir des grands prêtres, préparant ainsi, dans un avenir peu éloigné (environ 300 ans), l'avènement des rois-prêtres à Thèbes. Les temples d'Aton furent à leur tour mis en pièces et la mémoire de Khounaton fut honnie. Dans un document

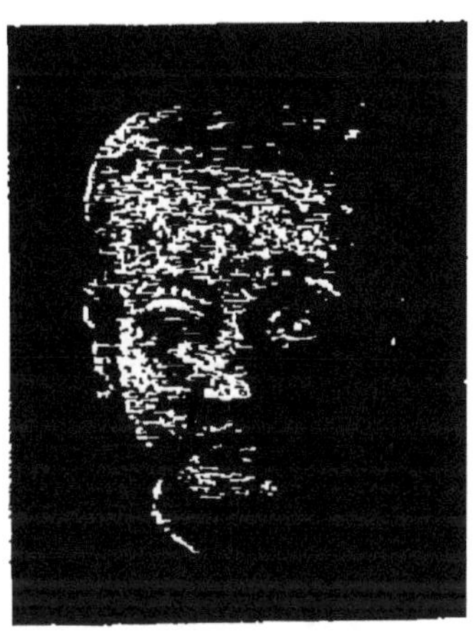

FIG. 7. — Une fille de Khounaton (Berlin).

officiel de la XIXe dynastie on n'ose même pro noncer son nom : on le désigne par une périphrase : « l'abattu, le criminel de Khoutaton[1] ».

L'œuvre entreprise par Khounaton avait été prématurée peut-être, trop précipitée sûrement. Rien ne se fait de durable sans la collaboration du temps. Khounaton, en quelques années, avait cru pouvoir communiquer à ses sujets et

1. Loret-Moret, *Inscription de Mes*, ap. *Zeitschrift*, t. XXXIX.

aux prêtres l'ardeur dévorante dont sa propre âme, reflet du disque solaire, était incendiée. Son œuvre pouvait-elle lui survivre ? C'est la question qui se pose à propos de tous les réformateurs. En général leur œuvre ne subsiste

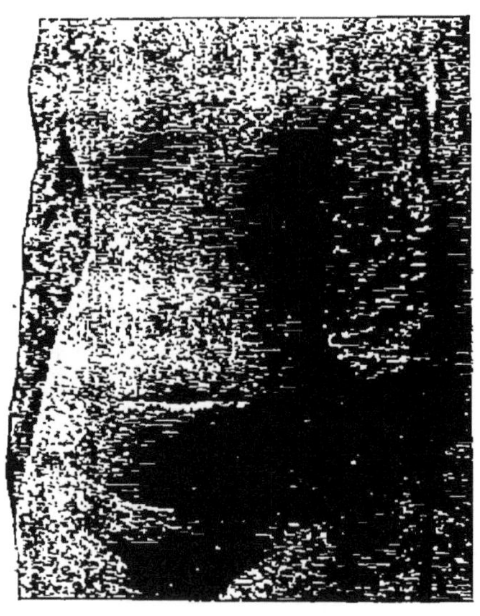

FIG. 8. — Torse de jeune fille.

pas ; le courant du passé, endigué un instant, la force de la tradition un moment enchainée, reviennent d'un élan formidable submerger l'œuvre encore mal affermie des novateurs.

Ainsi en fut-il de l'œuvre d'Aménophis IV. Même l'art officiel, un instant revivifié, retomba après lui, dans une solennité hiératique et figée.

La réforme d'Aménophis IV ne semble donc pas avoir sensiblement modifié le développement de la civilisation égyptienne, mais si elle compte relativement peu dans l'histoire d'Égypte, elle vaut beaucoup pour l'histoire de l'humanité. C'est peut-être dans les hymnes d'El-Amarna que fut pour la première fois dignement chantée l'idée d'une Providence secourable à tous les vivants.

TABLE DES MATIÈRES
DU TOME XXXI

PAGES

M. Théophile HOMOLLE. — L'administration des temples en Grèce........................ 1

M. Salomon REINACH. — Mythologie et religion des Germains........................ 47

M. L. de MILLOUÉ. — Le Svastika............ 83

M. Sylvain LÉVI. — Les saintes Écritures du Bouddhisme. Comment s'est constitué le Canon sacré.. 105

M. R. CAGNAT. — Le commerce et la propagation des religions dans le monde romain.......... 131

M. DELAPORTE. — La glyptique de Sumer et d'Akkad.. 179

M. A. MORET. — La Révolution religieuse d'Aménophis IV.. 225

Chalon-s.-Saône. — Imprimerie Française et Orientale, E. BERTRAND 544

ERNEST LEROUX, ÉDITEUR

RUE BONAPARTE, 28

PUBLICATIONS DU MUSÉE GUIMET

Bibliothèque d'Études

SÉRIE IN-8°

I. LE RIG-VÉDA et les origines de la mythologie indo-européenne, par Paul R gnaud. Première partie, in-8 12

II. LES LOIS DE MANOU, traduites par G. Strehly. In-8 12

III. COFFRE A TRÉSOR ATTRIBUÉ AU SHOGOUN IYÉ-YOSHI (1838-1853). Étu héraldique et historique, par L. de Milloué et S. Kawamoura. In figures 10

IV. RECHERCHES SUR LE BOUDDHISME, par Minayeff, traduit du russe par Assi de Pompignan. Introduction par Em. Senart. In-8 10

V, VI. VOYAGE DANS LE LAOS, par Étienne Aymonier, 2 vol. in-8, avec 54 ca tes 32

VII. LES PARSIS. Histoire des communautés zoroastriennes, par D. Ménant. Pr mière partie. In-8, fig. et 21 planches 20

Couronné par l'Académie Française. — Prix Marcellin Guérin.

VIII. SI-DO-IN-DZOU. Gestes de l'officiant dans les cérémonies mystiques des sect Tendaï et Singon (Bouddhisme japonais), d'après le commentaire de M. H riou Toki, supérieur du temple de Mitani-Dji. Traduit du japonais par Kawamoura. Introduction et annotation, par L. de Milloué. In-8, 18 planch et reproduction fac-similé du texte 15

IX. LA VIE FUTURE, d'après le mazdéisme, à la lumière des croyances parallè dans les autres religions, par N. Sœderblom. In-8 .... 7 fr.

X. XI. HISTOIRE DU BOUDDHISME DANS L'INDE, par H. Kern, professeu l'Université de Leyde. Traduit par M. Gédéon Huet. 2 vol. in-8 20

XII. BOD YOUL ou TIBET, le Paradis des Moines, par L. de Milloué. In planches 12

XIII. LE THÉATRE AU JAPON, ses rapports avec les cultes locaux, par A. Benazi In-8, illustré .... 7 fr.

XIV. LE RITUEL DU CULTE DIVIN JOURNALIER EN ÉGYPTE, d'après les papyr de Berlin et les textes du temple de Séti Ier, à Abydos, par Alexandre Mor In-8, figures et planches 15

XV. DU CARACTÈRE RELIGIEUX DE LA ROYAUTÉ PHARAONIQUE, par Alexand Moret. In-8, fig. et planches 15

XVI. LE CULTE ET LES FÊTES D'ADONIS-THAMMOUZ dans l'Orient antique, p Charles Vellay. In-8, fig. et planches .... 7 fr.

XVII-XVIII. LE NÉPAL, étude historique d'un royaume indou, par Sylvain Lév Tomes I, II. In-8, gravures et planches. Chaque volume 10

XIX. LE NÉPAL. Tome III, comprenant : une série d'inscriptions anciennes Népal ; des notices sur quelques manuscrits népalais ; l'explication d planches ; un index général de l'ouvrage. In-8, planches 10

XX-XXI. LES LIVRES SACRÉS DU CAMBODGE, par Adhémard Leclère. Premiè partie. La vie du Buddha. — La vie de Dévadatta. In-8 .... 7 fr.
— Deuxième et troisième parties. Les Jatakas (*sous presse*).

XXII. ESSAI DE BIBLIOGRAPHIE JAINA, répertoire méthodique et analytique d travaux relatis au jaïnisme, par A. Guérinot. Un volume in-8, 9 pl. 25

XXIII. L'HISTOIRE DES IDÉES THÉOSOPHIQUES DANS L'INDE. I. La théosopl brahmanique, par Paul Oltramare, professeur à l'Université de Genè In-8 10

XXIV. 1er fascicule : ÉTUDES SUR LE CALENDRIER ÉGYPTIEN. Dates calen riques au point de vue de l'histoire de la civilisation par Ed. Mahler. Trad et publié par Alexandre Moret. In-8 10

ERNEST LEROUX, ÉDITEUR
28, RUE BONAPARTE, PARIS, VIe

BIBLIOTHÈQUE DE VULGARISATION

SÉRIE DE VOLUMES IN-18 A 3 FR. 50

I. LES MOINES ÉGYPTIENS, par E. AMÉLINEAU. In-18, illustré.

II. PRÉCIS DE L'HISTOIRE DES RELIGIONS. Première partie. Religions de l'Inde, par L. de MILLOUÉ. In-18, illustré de 21 planches.

III. LES HÉTÉENS. Histoire d'un Empire oublié, par H. SAYCE. Traduit de l'anglais, avec préface et appendices, par J. MENANT, de l'Institut. In-18, illustré.

IV. LES SYMBOLES, LES EMBLÈMES ET LES ACCESSOIRES DU CULTE CHEZ LES ANNAMITES, par G. DUMOUTIER. In-18, illustré.

V. LES YÉZIDIS. Les adorateurs du diable, par J. MENANT, de l'Institut. In-18, fig.

VI. LE CULTE DES MORTS dans l'Annam et dans l'Extrême-Orient, par le lieutenant-colonel BOUINAIS et PAULUS. In-18.

VII. RÉSUMÉ DE L'HISTOIRE DE L'ÉGYPTE, par E. AMÉLINEAU. In-18.

VIII. LE BOIS SEC REFLEURI. Roman coréen, traduit par HONG-TJYONG-OU. In-18.

IX. LA SAGA DE NIAL, traduite en français pour la première fois par R. DARESTE, de l'Institut, conseiller à la Cour de Cassation. In-18.

X. LES CASTES DANS L'INDE. Les faits et le système, par Em. SENART, de l'Institut. In-18.

XI. INTRODUCTION A LA PHILOSOPHIE VEDANTA, par F. MAX MÜLLER, membre de l'Institut. Traduit de l'anglais par LÉON SORG. In-18.

XII. CONFÉRENCES AU MUSÉE GUIMET, par L. DE MILLOUÉ. 1898-1899. In-18.

XIII. L'ÉVANGILE DU BOUDDHA, raconté d'après les anciens documents, par PAUL CARUS. Traduit de l'anglais par L. DE MILLOUÉ. In-18.

XIV. CONFÉRENCES AU MUSÉE GUIMET, par L. DE MILLOUÉ. 1899-1900. In-18.

XV-XVI. CONFÉRENCES AU MUSÉE GUIMET, en 1903-1904, par MM. MAURICE COURANT, SALOMON REINACH, ÉMILE CARTAILHAC, R. CAGNAT. — G. LAFAYE, PHILIPPE BERGER, SYLVAIN LÉVI, D. MENANT. 2 vol. in-18.

XVII. CONFÉRENCES AU MUSÉE GUIMET, par ÉMILE GUIMET. In-18, illustré. La statue vocale de Memnon. — Les récentes découvertes archéologiques en Égypte. — Les Musées de la Grèce — Des antiquités de la Syrie et de la Palestine. — Le théâtre chinois au XIIIe siècle.

XVIII-XIX-XX. CONFÉRENCES AU MUSÉE GUIMET, en 1904-1905, par Jean RÉVILLE, R. CAGNAT, G. LAFAYE, TH. REINACH, D. MENANT. — S. LÉVI, R. CAGNAT, S. REINACH, V. LORET, Edm. POTTIER. — PARMENTIER, PIERRET, V. HENRY, Mlle MENANT, PH. BERGER, A. MORET.

XXI. LES RELIGIONS DE LA GAULE avant le christianisme par CH. RENEL In-18.

XXII. LE BOUDDHISME, par L. DE MILLOUÉ. In-18.

XXIII. LA RELIGION DES ANCIENS ÉGYPTIENS. Conférences de M. ÉDOUARD NAVILLE, au Collège de France.

XXIV. LES RELIGIONS ORIENTALES DANS LE PAGANISME ROMAIN. Conférences faites au Collège de France en 1905, par M. FRANZ CUMONT. In-18.

XXV. CONFÉRENCES AU MUSÉE GUIMET, 1907.

XXVI-XXVII. CONFÉRENCES, 2 vol. in-18, illustrés.

XXVIII. EXPOSITION TEMPORAIRE AU MUSÉE GUIMET. Catalogue. In-18, illustré.

XXIX-XXX. CONFÉRENCES AU MUSÉE GUIMET, en 1907-1908, par MM. R. CAGNAT, A. MORET, L. DE MILLOUÉ, POTTIER, Dr J.-J. MATIGNON, SALOMON

www.ingramcontent.com/pod-product-compliance
Ingram Content Group UK Ltd.
Pitfield, Milton Keynes, MK11 3LW, UK
UKHW020443200726
13857UKWH00002B/552